BATILILAR İÇİN FENG SHUİ

Doğal Çevrenizde Denge, Uyum ve Başarı yaratmak

Terah Katryn Collins

Batılılar İçin Feng Shui:
Doğal Çevrenizde Denge, Uyum
ve Başarı Yaratmak / Terah Katryn Collins
Orijinal Adı: Western Guide to Feng Shui:
Creating Balance, Homany and Prosperity in Your Environment

Yayıncı: Namık Kemal Atalay
Çeviri: Güneş Tokcan
Kapak tasarımı: Mithat Çınar

1. Basım: Mart 2000, Dharma Yayınları
2. Basım: Ağustos 2000, Dharma Yayınları
3. Basım: Mayıs 2006, Dharma Yayınları

Şefik Matbaası'nda basılmıştır.
Marmara San. Sit. M Blok No: 291
İkitelli - İstanbul
Tel: (0 212) 472 15 00/3 hat

Kütüphane Bilgi Kartı (CIP):
Terah Katryn Collins
Batılılar İçin Feng Shui:
Doğal Çevrenizde Denge, Uyum
ve Başarı Yaratmak
Taocu Düşünce, Sağlık
İstanbul, Dharma Yayınları, 2006, 220 sayfa

ISBN: 975-7800-06-6

Dharma
Yayınevi: İstiklal Cad. Tütüncü Çıkmazı
No: 3/3-4, Galatasaray/Beyoğlu, İstanbul
Tel: (0 212) 249 10 65-66-67 • Faks: (0 212) 249 10 99
e-posta: editor@dharma.com.tr

Satış ve Dağıtım: Mollafenari Sok.
No: 17 Cağaloğlu/İstanbul
Tel: (0 212) 512 81 21 • Faks: (0 212) 512 50 21
e-posta: dharma@dharma.com.tr
internet satış adresi: www.dharma.com.tr

BATILILAR İÇİN FENG SHUİ

Doğal Çevrenizde Denge, Uyum ve Başarı yaratmak

Terah Katryn Collins

Çeviri: Güneş Tokcan

DHARMA®

Evlerimize ve iş yerlerimize.

Bu mekanlar bizim Kişisel Cennetlerimiz olsun.

İçindekiler

KENDİ İÇİME YOLCULUK

Feng Shui alanındaki yolculuğum, bir arkadaşımın Feng Shui adlı garip bir konu hakkındaki bir konferansa onunla birlikte gitmemi istemesiyle başladı. Bu konu hakkında duyduklarım bunun Çin kültürüne ait boş bir inanç olduğuna varsaymama yetmişti. Şimdi ise birkaç saat boyunca oturup bu konu hakkında bir konferans dinlemeye davet ediliyordum. İsteksizce gittim.

Konuşmacı, San Diego, California'da oldukça tanınmış bir akupunkturcu ve bir Feng Shui uzmanı olan Dr. Richard Tan'dı. Feng Shui'yi yıllardan beri sezgisel olarak uyguladığımı anladığımda sandalyemde oturmaya başlayalı üç dakika bile olmamıştı. Olayların, beni bu adama ve bu bilgiye getirecek şekilde mükemmel bir sıra içinde düzenlenmiş olduğunu anladığım o nadir ve harika anlardan biriydi. Dr. Tan'ı dinledikçe, yaşamdaki eşzamanlıklar hakkındaki heyecanım ve farkındalığım gittikçe artı. Binalara, benim on seneden fazla bir zamandır insanlara yaklaştığım ve davrandığım gibi aynı bütüncül (holistik) mantıkla yaklaşıp, davranan kadim bir Doğu bilimiyle karşı karşıyaydım. Dr. Tan'ın söylediği her sözü dikkatle dinleyerek, geleceğimin dili olan Feng Shui hakkındaki ilk teorik ve pratik dersimi aldım.

Dr. Tan'la; Yer Bilgeliği çalışmaları hakkında zengin bir birikime sahip bir uzman olan Louis Audet'le ; Berkeley'de Yun Lin Tapınağı'nın kurucusu ve bir Feng Shui otoritesi olan Lin Yun Usta ile birlikte Feng Shui çalışmalarına gömüldüm. Farklı öğretmenlerle çalıştıkça ve Feng Shui hakkında elime geçen her şeyi okudukça, Feng Shui'nin sonsuz zamana yayılan tezgahında sıkıca dokunmuş olan bütüncül prensipleri tüm hayatım boyunca kullandığımı ve bu prensiplerle beraber yaşadığımı fark ettim. Hayatımda ilk kez, yaptığım bir şeye tutkulu bir sevgi duyuyor ve hayatımın amacı olarak görüyordum.

Yaşamımın amacını aramaya çok gençken başlamıştım. Transandantal meditasyon ve yoga öğrenmiş ve uygulamış, I Ching hakkında bilgiler almış ve Doğu felsefesi üzerinde çalışmıştım. Liseyi bitirdikten sonra, seyahat etmeye ve dünyanın diğer bölgelerinde yaşamaya karar verdim. Güney Amerika'da, sonra Puerto Rico'da, Amerika'nın Güneybatısı'nda ve son olarak da İspanya'da yaşadım. Bütüncül sağlığa yönelmiş sonsuz bir insan kitlesiyle karşılaştım. Bu da benim seyahatlerimin ana konusunu oluşturdu. Kiropraktorlar, akupunkturcular, şamanlar ve her türden şifacılarla, insanları sağlıklı bir denge durumuna getirme yollarını paylaştım.

Dört yıl sonra serüvenlerimden ilham almış olarak, Virjinia'ya evime döndüm ve nörolengistik programların sertifikalı bir uygulayıcısı olarak bütüncül sağlıkla ilgili bilgileri insanlara aktarmaya ve öğretmeye başladım. Bu da, beni bütüncül sağlığın korunması alanında zorlu bir iş olan Kuzey Virjinia Kutupsal Terapi Merkezi'nin (the Polarity Center of Northern Virginia) yardımcı kurucularından (ve eğitmenlerinden) biri olmaya dek götürdü.

Zaman akıp gitti ve bir gün meditasyon sırasında seyahatlerimden Virjinia'ya geri döneli 14 sene geçtiği gerçeği kafama dank etti, zaman ilerlemeye devam ediyordu. İşimde belirgin bir değişiklik yapmam gerektiğini hissettim. Hep olmak istediğim yere gitmek için gerekli adımları atmanın zamanı gelmişti. O gün için hazırlanmaya başladım.

Sonraki iki yıl boyunca dikkatlice hayatımdaki her alanı bir sonuca vardırdım. Çalışmamı devam ettirecek bir çırak yetiştirdim, öğretimle ilgili sorumluluklarımı ortağıma devrettim ve arkadaşlarım ve ailemle olabildiğince fazla zaman geçirmeye başladım. Sonunda, minibüsümün kapısını kapattım ve California'ya doğru yola koyuldum.

San Diego'ya yerleşince bir sonraki meydan okumayla yüzleştim- şimdi ne olacak peki? Kendimi yeni bir çalışmaya başlayacak ya da daha önce yaptığım gibi öğretecek gibi hissetmiyordum. Yeni bir şeyin geldiğini hissetmekteydim ve kendimi tekrardan geçmişe veremezdim. Bütüncül sağlık prensiplerinin insanlara olduğu gibi çevreye de uygulanabileceği konusuna kendimi kaptırmıştım. Aklımda bu olduğu halde, yeni amacımın sağlık ve çevre sevgisini kapsadığını hissediyordum. "Çevresel beden" hakkındaki gözlemlerimi içeren defterler dolusu notlar aldım. Sanki kendimden hamileydim ve kendime yardım etmeye çalışıyordum, böylece hayatta daha ileriye gidebilecektim. Yeni işim neydi? Ne zaman doğacaktı?

Bu yardım, hiç beklenmedik bir şekilde (genellikle olduğu gibi) Dr. Tan'ın konferansında geldi. Aniden, konferans salonunun ortasında, kendi geleceğime - Feng Shui' ye hayat verdim.

- Terah Kathryn Collins

San Diego, CA 1996

Teşekkürler

Nasıl ki bir çocuğu yetiştirmek için bir topluluğa ihtiyaç duyulursa, bir kitap yazmak için de benzeri bir topluluğa gerek duyulur. Elinizdeki bu kitap benim ailem ve arkadaşlarım olarak adlandırdığım insan topluluğunun sevgi ve destekleriyle yazıldı.

Aşağıda adı geçen insanlara özellikle teşekkür eder ve sonsuz minnetlerimi sunarım: Alice ve Whit Beatson, Arnold Patent, Pam King, Arlene Swope, Dr. Richard Tan, Louis Audet, Lin Yun Usta, Sarah Rossbach, Eddie Baumruk, Evelyn Thomas, Ron Tillinghast, Jill Kramer, Lisa Roth, Marilyn Felter, Michael Karsh, Cheryl Rice, Jackie ve Richard Earnest, Mary Lou LoPreste,

Shivam Kohls, Dale ve Blanca Schusterman, Rosemary KimBal, Jonathan Hulsh ve Carlyee Stone.

Ayrıca, beni mizah duygusuyla ateşleyip yazarlık yolunda yönümü bulmamı sağlayan ve belki de bana yüzlerce kez, "Yazmaya devam!" diyerek cesaret veren Louise Hay'e ...

Beni her gün sevgi, destek ve ilgiyle kucaklayan ve bu kitabın babası olan kocam Brian Collins'e... Varoluşundan gelen rahatlığı ve Feng Shui konusundaki doğal anlayışı, bu kitabın rahatça ve neşe içinde doğuşunu sağladı.

Giriş

Bu kitap Batılı'ların, Çin Yerleşim Sanatı Feng Shui'nin (Fong Şuvey diye telafuz edilir) kadim bilgeliğini nasıl uygulayacakları ve yararlanacakları hakkında pratik bir rehberdir. Bu rehber Feng Shui'nin tam olarak bilimsel bir açıklaması değildir. Daha çok, Batılı hayat tarzımızın özel ihtiyaçlarını karşılayacak Feng Shui prensipleri ve yaklaşımlarının açık, belirgin açıklamaları üzerinde yoğunlaşılmıştır. "Feng Shui gözlerimle" bakınca - fiziksel dünyamızın içinde ve çevresindeki Ch'i ya da enerjinin farkına varan gözler - bu ihtiyacın büyük olduğunu görüyorum.

Feng Shui kariyerimin ilk başlarında, bir gayri menkul emlakçısı, bir senedir satılamayan altı gayri menkule bir göz atmamı istemişti. Altısında da çok belirgin Feng Shui problemleri vardı. Birinde, her kapının arkasında odalar arasında rahatça geçişi imkansız kılan bir şeyler bulunmaktaydı. Bir diğerinde, ön kapıya çıkan bir merdiven vardı, mobilyalar ve eşyalar ise eve girişi tıkamaktaydı.

Eşiğin önünü açtım, eşyaları kaldırdım, mimari sorunları dengeledim, köşeleri yumuşattım ve Ch'i'yi artırmak ve iyileştirmek için yapılacak, bozulacak, etkilenecek ve çıkartılacak şeyler hakkında önerilerde bulundum. Önerdiğim iyileştirmelerin evleri potansiyel alıcılar için daha çekici kılacağını umuyordum. Sonuç ise hem benim hem de emlakçı için büyük bir sürprizdi. Sonraki 30 gün içinde 6 ev sahibinden 4'ü evlerini satmaktan vazgeçmişti, çünkü evlerine tekrar aşık olmuşlar ve sonrasında da taşınmak istememişlerdi. Gene de diğer iki ev aynı dönem içinde satılmışlardı. Sonuç üzerinde konuşurken emlakçının yüzündeki şaşkın ifadeyi halen hatırlamaktayım. Emlak işinde kazançlı sonuçlar almak için Feng Shui'ye bel bağlamak istemediği için (ya evlerin altısının birden de satılmasından vazgeçilseydi ne olacaktı?), listesindeki evlere Feng Shui uygulamakla ilgilenmiyordu. Fakat evleri daha sıcak hale getirmek için Feng Shui incelemelerini hediye edebilirdi.

Emlakçıyla olan bu dikkate değer olay meydana geldiğinden beri yüzlerce ev ve ofis üzerinde çalıştım. Her ne kadar "Feng Shui" kelimesi Batı kültüründen insanlara çoğunlukla gizemli ve garip gelse de, aslında dünyaya bütüncül bir tarzda yaklaşan herkeste mükemmel bir izlenim uyandıran çok duyarlı bir düşünce ve hareketler topluluğudur. Feng Shui, insanların ev ve iş yerlerinde uyum olduğu zaman hayatlarını daha mutlu, daha sağlıklı, daha refah dolu olarak deneyimleyecekleri varsayımı üzerine kurulmuştur. Tıpkı kendi bedenlerimiz gibi, binaların da bedenleri daha "sağlıklı" oldukça bizi de zengin, yaratıcı, neşeli bir varoluşa taşımaktadırlar. İnsanlar, önerdiğim değişiklikler görünce sıklıkla şu tepkiyi verirler - *neden bunu daha önce düşünmemişlerdir ki?!*

Pek çoğunuz için, Feng Shui prensiplerini anlamak çok kolaydır. Bu rehberi kullanarak ve bazı ciddi çalışmalar yaparak, karmaşık bir ofis veya büyük bir ev de dahil olmak üzere hemen her yerde uyum, konfor ve denge üretebilirsiniz. Eviniz ya da iş yerinizde, ciddi mimari dengesizliklerden, arazideki sorunlardan ve geçmişte yapılmış uyumsuz yapısal seçimlerden ileri gelen rahatsızlığı bulabilir ve bunları düzeltebilirsiniz. Cevaplar çoğunlukla basit ve duyarlıdır. Tek yapmanız gereken Feng Shui gözlerinizi açmak ve çevrenize bir göz atmaktır.

Bu kitap, yeni bir bakış yolu hakkında bilgi verir. Sizi çevrenizdeki rahatsızlığı bulmak ve dengelemek için çok gerekli olan Ch'i, yin ve yang ve beş element gibi kavramlarla tanıştırır. Sorunlu yerler ve yapısal özellikleri nasıl okuyacağınızı ve düzelteceğinizi öğrenirsiniz. Aynı zamanda bu kitap, mutluluğunuzu ve başarınızı artırmak için ön kapınızdan masanıza kadar nesneleri nasıl yerleştirmeniz ve düzenlemeniz hakkında öneriler ve örnekler de vermektedir. Bulması kolay ve beraber yaşaması harika olan nesneleri çevrenize yerleştirmenin yollarını tartışmaktadır. Ayrıca bu kitapta, kişisel ve profesyonel hayatınızda olumlu değişiklikler yapmak için kullanabileceğiniz bir malzeme olan Bagua Haritası'nı açıklamaktadır. Kitap boyunca , Feng Shui prensiplerinin nasıl kullanılacağını daha iyi açıklayan ve kişilerin deneyimleri hakkında pek çok öykü de bulacaksınız.

Kendi çevrenizi Feng Shui gözleri ile keşfetmenin zevkini çıkarın. Bu, zamanınızın çoğunu geçirdiğiniz ve hayatınızın asıl gerçeği olan kendi içinize yaptığınız bir seyahattir.

Feng Shui Ne Zaman Kullanılmalıdır

- ✓ Yeni bir ev ya da iş yeri tasarlıyor ve yapıyorsanız.
- ✓ Kiralamak ya da satın almak için bir ev ya da iş yeri seçiyorsanız.
- ✓ Bir eve ya da iş yerine bir ek yapıyor ya da burayı yeniden tasarlıyorsanız.
- ✓ Bir bina ya da toprak parçası satmayı düşünüyorsanız.
- ✓ Herhangi bir şekilde refahınızı artırmak, ilişkilerinizi düzeltmek, sağlığınızı düzeltmek ya da yaşam standardınızı yükseltmek istiyorsanız.
- ✓ Şimdiki evinize ya da iş yerinize taşındığınızdan beri hayatınızda önemli değişiklikler olduğunu düşünüyorsanız.
- ✓ Yaşadığınız ya da çalıştığınız binayı kutsamak istiyorsanız.

Feng Shui prensiplerini uygulayabilirsiniz.

Cennet, bulunduğum yerdir.

- *Voltaire*

1. Çin Yerleşim Sanatı Feng Shui

Çince'de "Rüzgar ve Su" anlamına gelen *Feng Shui*'nin kökü Konfiçyüsçülük ve Taoculuk'a dek dayanmakta ve Çin'de üç bin yıldan fazla zamandır uygulanmaktadır. Feng Shui'nin ilk uygulayıcıları, evler ve köylerin nereye ve nasıl kurulmaları gerektiğini belirliyorlardı. Başarılı bir şehir, Ch'i diye adlandırılan yaşamsal enerjinin uyumlu ve insan hayatını destekleyici bir şekilde aktığı bir yerdi.

Feng Shui uygulayıcıları, yerleşim yerini değerlendirmek için, son derece keskin duyularına, önsezilerine ve öğretmenlerinden kendilerine geçen bilgilerine güveniyorlardı. Dağların, vadilerin ve otlakların dilini o yörenin sakinlerinin anlayabileceği ve yararlanabilecekleri şekilde çeviren bir tür yorumcuydular. Bu yolla, konutları, büyük ovaların üzerinde, güçlü rüzgarların etkisinden saklanmış ve uyumlu Ch'i ile kutsanmış bir arazinin güvenli kucağına yerleştirmekle sorumluydular.

Klasik olarak uyumlu bir arazi parçası çoğunlukla "ejderhanın karnı" olarak adlandırılır ve tıpkı bir koltuğa benzer. Bina yapmak için tercih edilen yer sağlam bir zemin üzerinde ve hem arkada hem de yanlarda dağlar, tepeler ya da bir ormanla, tıpkı bir koltuğun sırtlığı ve kol yerleri gibi çevrelenmiş ve korunmuş olmalıdır. Arazinin ön tarafta ve daha aşağı bir seviyede bir nehir, ırmak, gölet ya da göle doğru inmesi ideal yerleşimi tamamlar.

Feng Shui uygulayıcıları, arazi ile "bağlantıya geçtikleri" ve Ch'i özelliklerini hissettikleri sırada, sezgilerinin kendilerine söylediklerine çok dikkat ederlerdi. Her sesi dinler, toprağı tadar, çevreyi keşfe çıkar, arazinin sınırlarını inceler, rüzgarın ve suyun bıraktığı izleri gözlemler ve gelecekten işaretlere bakardı. Her fiziksel özellik ve şart orayı çevreleyen Ch'i'nin kalitesi ile ilgiliydi. Hayvan kemikleri, ölü ağaçlar ve keskin çıkıntılar veya suların yıprattığı kayalar kötü işaretler sayılırken, güçlü ağaçlar, kıvrılarak akan sular ve hayat dolu hayvanlar, orada yaşamak isteyen insanlar için iyi kader, sağlık ve mutluluk demekti.

Bir arazi parçasına yerleşildiğinde, Feng Shui uygulayıcıları, Ch'i'nin yararlı özelliklerinin herhangi bir şekilde zarar görmemesi için binaların yapım ve yerleşim işlemine de rehberlik ederlerdi. Yapı malzemelerini seçerler ve Ch'i'nin dostça, besleyici bir şekilde akmasını sağlamak için inşaatın her aşamasını izlerlerdi. Bina tıpkı, mükemmel bir şekilde yerleştirilmiş bir elmas gibiydi. Tek bir yanlış hareket, insan yapısı olan ile doğal çevresi arasındaki Ch'i dengesini bozabilir ya da yok edebilirdi.

Batı Tarzı Feng Shui

Günümüzde Feng Shui'yi uygulamak için geleneksel Feng Shui bilgeliği ile hevesli, ön sezgisel, araştırmacı, tanımlayıcı ve iletişim kurucu becerilerimizi birleştirmemiz gerekmektedir. Batı'da yapılan konutlar bize, özgün Feng Shui uygulayıcılarının karşılaştıkları durumlardan farklı durumlar göstermektedirler. Pek çok yapı, eski uygulayıcıların asla seçmeyecekleri yerlere yapılmışlardır ve çoğunlukla da binanın şekli ve detayları tüm klasik Feng Shui kurallarına aykırıdır.

Binanın yapılması gereken en uygun yeri bulmaktansa genellikle zaten var olan bir bina ile başlamamız gerekmektedir. Binayı yapanlar dikkatli değillerse, onu çevreleyen doğal Ch'i'ye de zarar vermişlerdir. Pek çok durumda yer, yön veya çevredeki diğer bina ve yolları kontrol edemediğimizi farkederiz. Bu da yeni Feng Shui uygulayıcılarını yeni bir meydan okuma ile karşı karşıya bırakmaktadır. Nadiren elimize iyi kağıtlar gelir. Gene de Feng Shui prensiplerini uyguladığımızda, Ch'i'yi düzeltmek ve çevremizde uyumu sağlamak için pek çok güçlü ve sonuç verici yol olduğunu görürüz. Yönümüz ister kuzey, ister güney, doğu veya batı olsun, yer ister şehrin içinde ya da dağ başında olsun, amaç ister işte başarı kazanmak ya da evde uyumun sağlanması olsun, önemli olan Ch'i'nin sağlıklı bir şekilde akmasıdır. Tıpkı insan bedenleri gibi, iki bina da şekil ve işlev bakımından birbirine benzemez. Feng Shui içindeki meydan okuma ve zevkli yan da istenen sonucu almak için, yani sağlık, refah ve mutluluğu sağlamak için, evlerimiz ve ofislerimizde Ch'i meridyenlerini ya da izlediği yolları dengelemektir.

Kendi Feng Shui uygulayıcınız olabilirsiniz. Feng Shui sanatı ve bilimi size çevrenizde olumlu sonuçlar almak için yardımcı olacak büyük bir malzeme çantası sunmaktadır. Onlarla çalışın, böylece çevrenizin koşullarını iyileştirmek için ne yapmanız gerektiğini merak etmek yerine, Feng Shui gözlerinizle tam olarak ne yapmanız gerektiğini göreceksiniz. Kesin olarak nereye "dokunmanız" gerektiğini bileceksiniz.

Burada ve Şimdi Feng Shui

Deneyim bana, Feng Shui prensiplerini nerede olursam olayım uygulamayı öğretti. Burası kiralık bir daire, bir ofis, otel odası ya da dengelenmesi gereken " geçici" bir semt olabilir. Seminer verdiğim yada seyahat ederken bir kaç gece geçirdiğim yerler gibi en geçici durumlarda bile Ch'i'nin düzenlenmesinin son derece yararlı olduğunu fark ettim (bkz. Seyahat Sırasında Feng Shui).

Çoğu kişi, yeni evlerini alır almaz Feng Shui uygulamak isterler. Fakat, bir ya da iki yıl oturmak amacıyla kiraladıkları evleri için bunun bir zaman kaybı olduğunu düşünürler. Bu, tıpkı "Kendime iyi bakmak için bir ya da iki yıl daha bekleyeceğim" demek gibidir. Ch'i'yi tüketici özellikleri olan bir kulübe ya da büyük bir ofis, geçici olarak kalmayı düşünse de düşünmese de orada yaşayan ya da çalışan kişilerin kaynaklarını tüketecektir. Diğer yandan, zengin bir Ch'i'ye sahip bir mekân, çeşitli yararları ve olumlu fırsatları çeker. Hedefiniz bir ev almak ya da sadece iyi bir hayat yaşamaksa, tam burada ve şimdi, kişisel bir cennet yaratmak için her şeyi yapmak çok daha akıllıcadır. Yaşadığınız ve çalıştığınız yerler arasında hareket eden Ch'i, sizin sağlığınız, refahınız ve mutluluğunuz için şimdi önemlidir. Bu nedenle bulunduğunuz yerle başlayın. Bugün bulduğunuz yeri dengelemek ve iyileştirmek, gelecek için olan hedeflerinizi, ümitlerinizi ve düşlerinizi harekete geçirmek ve açığa vurmak için en iyi yollardan biridir.

Güzel bir görünüşle doğmak
iyi bir kaderle doğmak kadar
önemli değildir;

İyi bir kaderle doğmak da
iyi bir kalbe sahip
olmak kadar önemli değildir;

İyi bir kalbe sahip olmak ise
olumlu bir Ch'i'ye sahip
olmak kadar önemli değildir.

- Bir Çin deyişi

2. Ch'i Denizinin Haritasını Çıkarmak

Feng Shui'nin üzerine kurulmuş olduğu üç temel prensip vardır. Bu prensipler Ch'i'yi, yaşam çemberi içinde herşeyi canlı kılan, birleştiren ve hareket ettiren yaşamsal enerjiyi açıklamaktadır.

Her şey Canlıdır

Fiziksel dünyadaki HER ŞEY Ch'i diye bilinen yaşayan enerjiye sahiptir. Bu, cansız diye kabul ettiğimiz araba, bilgisayar, eşya ve araçlar ya da kayalar, bitkiler, toprak parçası ve binalar gibi her maddesel nesneyi içerir. Her fiziksel şey "canlıdır" ve kendi Ch'i özellikleri dışında kendi tepkilerimiz, deneyimlerimiz ve hatırlarımızla ona getirdiğimiz Ch'i kalitelerine de sahiptir. Kendi kişisel cevaplarımız çevremizde bulunan şeylerle uyumlu bir şekilde karıştığı zaman derin bir uyum, konfor ve güvenlik hissi duyarız. Açıkçası, çevremize baktığımızda ve çevremizdeki her şeyi "canlı" olarak gördüğümüzde kendimizi iyi hissettiğimiz şeylerle birlikte yaşamak son derece önemli hale gelmektedir.

Feng Shui'de binalar, içlerinde yaşayanları tam anlamayla desteklemek ve beslemek amacıyla dinamik, yaşayan "bedenler" olarak kabul edilirler. İdealde Ch'i'lerinin çok uyumlu, sakinlerini besleyici ve kelimenin tam anlamında kucaklayıcı olmaları gerekir. İçlerinde yaşayan veya çalışanların güvenliğini, konforunu ve mutluluğunu sağlamak için yapılacakların hepsi de bundan daha az önemlidir. Evler ve işyerleri, ancak sakinleri tarafından güvenli limanlar, güçlü tramplenler, rahat yuvalar ve kişisel cennetler olarak deneyimlendikleri zaman amaçlarına uygun şekilde işe yararlar.

"Birinin çöpü diğerinin hazinesidir" sözü düşüncelerinizin ve anılarınızın bir nesneye verebileceği "canlılığı" açıklayan yaygın bir deyiştir. En basit bir nesneyle ilgili neşeli bir hatıra ona her baktığınızda sizi besleyen yaşamsal Ch'i'sini güçlendirecektir. Bir gezi sırasında bulunmuş bir çam kozalağı veya bir kuş tüyü, büyükannenin size sıcak kakao sunarken kullandığı bir Çin çay fincanı, sizin ve en iyi arkadaşınızın altı yaşındayken çekilmiş bir fotoğraf gibi örnekler onları her gördüğünüzde hissettiğiniz mutluluk sayesinde özel bir canlılığa sahiptirler.

Kendileriyle ilgili kötü anılara ya da hislere sahip olduğunuz veya sadece sevmediğiniz eşyalar sizi destekleyici yaşamsal Ch'i'yi taşımazlar. Bu nesnelerin enerjilerini taze ve yararlı bir hale getirmenin en hızlı yolu onlardan kurtulmaktır. Satın, atın veya verin! Sizin attığınız şey akıntıya kapılacak ve bir başkasının hazinesi haline gelebilecektir. Yükünüzü hafifletirken ve çevrenizi olumlu, mutlu ilişkileri olan şeylerle doldurmanız sayesinde varolmanın hafifliğinin tadını çıkarırken Ch'i'nin tekrar dolma ve dönüştürülme olanağı vardır.

Her şey Bağlantılıdır

Ch'i tüm fiziksel şeylerle bağlantılıdır. Her şeyin bir başka şeyle bağlantılı olduğu bir hayat ağı içinde yaşamaktayız. Bir göle bir çakıl taşı attığınızda, tüm göl tek bir taşın yarattığı dalgalarla etkilenecektir. Bu durumu komşularınıza ve içinde yaşadığınız topluma da uygulayabilirsiniz, çünkü onların arasında dolaşan Ch'i göreli olarak etkisi azalmış olsa da evinizin veya iş yerinizin içinde dolaşmaktadır.

Birbiriyle bağlantılı olma prensibi mekanın içinde de devam eder. Örneğin karman çorman bir dolabın içindeki kaotik Ch'i evin geri kalanına da dağılır ve tüm mekanda kısıtlayıcı bir etkide bulunur. Güzel bir avludan yayılan yatıştırıcı, beleyici Ch'i onu çevreleyen alana da yansır ve üzerinde canlandırıcı bir etkide bulunur. Dahası, o dolabın ya da avlunun Ch'i özelliği hayatımızın geri kalanıyla da bağlantılı olacaktır. Örneğin karışık, kaotik dolap evinizdeyse, sizin dakikliğinizi etkileyebilir, bunun sonucunda da işinizle ilgili randevuları aksatmanıza yol açabilir - bu da parasal sorunlar, evlilikte problemler ve sağlıkta bozulmalara neden olabilir. Küçük ve önemsiz gibi gözüken şeyler - rahatsız bir iskemle, sert bir ışık, keskin kenarları olan bir masa, eğer onları kullanma alışkanlığınız varsa yaşamsal Ch'i'nizin üzerinde önemli bir etkide bulunabilir. Diğer yandan, o güzel avlu iş yerinizde bulunuyorsa, yaratıcılığınızı ve parasal kazancınızı artırdığı gibi sağlığınızı olumlu bir şekilde etkileyebilir ve ilişkilerinizi iyileştirebilir. Daha iyi ya da kötü yönde, Ch'i sizi her şeyle bağlantıya sokar ve hayatınızdaki her şeyi önemli kılar.

Her şey Değişir

Her şeyin içinde bulunan Ch'i sürekli olarak değişime uğrar. Büyüme ve hareket değişime yol açar ve yaşamsal, canlı Ch'i'nin dinamik işaretleridirler. Evrende değişmeyen tek şey değişimdir.

Baktığımız her yerde değişime şahit oluruz - mevsimler, topluluğumuz, bedenimiz, zihinsel durumumuz ve hislerimiz. Bu nedenle, çevremiz sadece canlı ve daha büyük bir çevreyle bağlantılı değil aynı zamanda da sürekli olarak değişim içindedir. Zaman geçtikçe evler ve işyerleri, belirgin fiziksel değişikliklerin yanında içlerinde oturanlarda olan değişiklikleri de yansıtırlar.

Feng Shui uygulamalarım sırasında, insanların bir tatil, seminer ya da uzun bir ayrılık sonrasında evlerine döndüklerinde veya taşınmak için hazırlandıklarında, aniden çevrelerindeki bazı şeyleri değiştirmek ya da başlarından atmak istediklerini fark ettiklerini gözlemledim. Deneyimledikleri değişiklikler, onlara, tıpkı bir lazer ışını gibi işleyen, evlerinde ya da ofislerinde artık işe yaramayan ya da enerji verici olmayan her şeyin üstüne ışık tutan bir bakış açısı vermektedir.

Yıpranmış bir mobilya parçası, kalabalık bir kitap rafı, fazla büyümüş bir ağaç ya da mutsuz bir zamanla ilgili bir resim birdenbire değişim için çığlık atabilir. Bu kişiler yeni bakış açılarına güvenerek ve yapılması gerektiğini açıkça gördükleri değişiklikleri yaparak, çevrelerine taze, uyumlu Ch'i'yi davet etmektedirler. Dahası, deneyimledikleri olumlu değişikliklere kelimenin tam anlamıyla demir atmışlardır, böylece "yeni kendileri" düzenli olarak yeni çevreleriyle desteklenmekte ve beslenmektedir.

Gerekli olduğu halde yapılmayan değişiklikleri yansıtan bir ev ya da işyerinde hiç bir değişiklik yapılmamışsa o çevrenin kişiyi eski sıkıntılara doğru çekebildiğini fark etmek ilginçtir. Mekan, eski düşünce ve deneyimleri tutan büyük bir mıknatıs veya çapa gibi davranır. Yeni yemek pişirme ve yeme alışkanlıkları öğrenmek için tüm bir haftasını harcayan kadını ele alın. Evine geri döndüğünde, mutfağının yeni yeme alışkanlığına uygun bir şekilde tekrar düzenlenmesi gerektiğini görmüştür. Mutfağını oradan ayrılmadan önceki gibi bırakırsa eski yeme alışkanlığına dönmeye eğilimli olacaktır. Mutfağında gerekli değişiklikleri yaparsa yeni edindiği bilgiye bağlanacak ve destekleyecek, böylece programını devam ettirmek de onun için kolaylaşacaktır.

Çincedeki Ch'i Sembolü

Eski bir Çin sözü, "Hayatınızda değişiklik istiyorsanız, evinizde 27 şeyin yerini değiştirin" der. Önemli olan, kim olduğunuzu ve kim olmak istediğinizi belirlemek için çevrenizi değiştirerek, yenilenen sizin bu mekana demir atmanızı sağlamaktır. Değişim hayatınızın içindedir ve sizin yararınıza kullanılabilir.

Değişim zevkli de olabilir. Çoğu insan aldığı mobilyayı ve ona uygun olarak seçtiği sanat eserini sonsuza dek kullanacağına inanır. Feng Shui, işte bu andan itibaren çevrenizde değişikliğe, büyümeye, harekete neden olduklarını ve orayı aydınlatmaya başladıklarını kabul eder. Hayalperest, komik, fantastik, garip olun. Unutmayın : her şey değişime uğrar !

Canlı, bağlantılı ve dinamik ... Feng Shui, evinizi veya iş yerinizi, onunla uyumlu olduğunuz ya da uyumsuz bir beraberlik sürdürdüğünüz yaşayan bir varlık olarak kabul eder. Onun canlılığını onurlandırdığınızda, tüm yaşamınızın kalitesi ile olan yaşamsal bağını tanıdığınızda ve onu canlandırıcı ve canlı tutacak değişiklikleri yaptığınızda, içinde yaşanacak harika bir yer haline gelir. Hayat boyunca sizin gelişim ve hareketinizi besler, korur ve destekler.

Zihin ile görmeyi bırakın

ve yaşamsal ruh ile görün.

- *Chuang Tzu*

3. *Feng Shui Gözlerinizi Açmak*

Bu yaşayan, içinde bağlantıları olan, dinamik Ch'i Denizi'nde, çevrenizi, sürekli olarak hayatınızı destekleyen ve besleyen Ch'i ile sarmayı seçebilirsiniz. Olasılıkla, her hangi bir Ch'i'nin bunu yapamayacağını da farketmişsinizdir. Yemeğinizi, karmakarışık, penceresiz, ürpertecek kadar soğuk bir odada yediğinizi, üzeri kağıtlar ve kirli tabaklarla dolu bir masanın yanına çekilmiş rahatsız bir iskemlede oturduğunuzu düşünün. Şimdi de, aynı yemeği, sıcak ve güzel bir manzarası olan geniş bir odada yediğinizi, rahat bir iskemlede oturduğunuzu ve iskemlenizin de bir mum ve renkli çiçeklerle süslenmiş bir masanın yanına çekili olduğunu hayal edin. Hangi odanın Ch'i'si içinde zamanınızı geçirmek istersiniz?

Çoğumuz, tabiatında güzellik, konfor ve güvenlik olan Ch'i'ye karşı büyük bir iştah duyarız. Pek çoğumuz da bunun açlığını çekeriz. Kültürümüz, anlaşılmaz bir şekilde estetik açıdan kötü, konforsuz ve güvensiz mekanlarda çalışmak ya da yaşamak gibi duruma katlanmayı öngörmektedir. Sanıyorum bu koşullara katlanıyoruz çünkü çevremizin hayatımızı nasıl olumsuz bir şekilde etkileyeceğinin farkında değiliz. Hayatımızın bölümlere ayrıldığına ve bu bölümleri birbirine bağlamanın gerekli olmadığına inanıyoruz.

Feng Shui bütünlük hakkındadır, parçalar değil. Her şey canlıdır, birbiriyle bağlantılıdır ve sürekli değişmektedir. Sezgisel duyarlılığınız size, alçak tavanlı, vızıldayan flüoresan lambalarıyla aydınlatılmış bir oda ve duvara dayanmış sıkışık bir masanın hayatınızın her alanını etkilediğini söyleyecektir.

Peki, bu durumda ne yapılmalı? Feng Shui, bu yeri, geniş, iyi aydınlatılmış ve hoş bir koltuğa sahip bir ofise dönüştürmenin sizin elinizde olduğunu söyler. Dinamik bir uyum sağlamak için Ch'i'yi dengeleyin ve yönlendirin - bu, Feng Shui'nin amacıdır.

Ch'i, çevrenizi saran her şey yoluyla ve sayısız şekilde kendini ifade eder. Ch'i'nin çevrenizde nasıl kendini ifade ettiğine çok dikkat edin, böylece Feng Shui prensipleri ile çalışmak için gerekli olan "Ch'i'yi okumak" becerisini geliştirebilirsiniz.

Yin ve Yang

Feng Shui'nin iyileştirmeyi amaçladığı ve bizi besleyen Ch'i sürekli olarak iki uç arasında bir denge gider gelir. Eskiler bu uçları *yin* ve *yang* olarak adlandırmışlar (bkz. Liste) ve bunlara mucizevi özellikler yüklemişlerdir. Yin, dişi, arka, karanlık, serin, yumuşak, ıslak, yer, ay gibi özelliklerle ilgiliyken, yang eril, ön, aydınlık, sıcak, sert, kuru, gök ve güneş gibi özelliklerle ilgilidir. Çoğumuz "orta yolu", ya da yin ve yang özelliklerin mükemmel bir karışımını tercih ederler.

Dramatik mimari ve tasarımlar uç noktalara ulaşırsa sonuç Feng Shui açısından bir kabus olur. Keskin açılar, radikal oranlar ve abartılmış formlar sanatsal açıdan harikulade özellikler olarak görülebilir, fakat genellikle insanlar için sıcak konutlar yaratmazlar. Tasarım ne kadar yin ya da yang uca kayıyorsa, içinde yaşayan ya da çalışan kişileri de o kadar az memnun eder. Son derece yin bir odaya örnek olarak karanlık, mağara benzeri, siyah renkli mobilyalarla dolu, loş ışıklandırılmış ve alçak tavanlı bir yer verilebilir. Fazlaca yang bir oda ise çok geniş, yüksek tavanlı, odayı güneş ışığında pişiren pencereleri olan, içi köşeli mobilya ve masalarla döşenmiş bir yerdir. Fazlaca yin bir odayı dengelemek için, daha parlak ışıklar ve sıcak pastel renkler gibi yang elemanlar ekleriz. Fazlaca yang bir odada dengeyi sağlamak için de yumuşak döşemeli mobilyalar, köşeleri yuvarlatılmış pençere doğramaları ve koyu, zengin renkler gibi yin öğeler ekleriz. Yin ve yang özellikler doğru bir şekilde birleştirilirlerse, kişinin o mekanda rahat etmesi de sağlanır.

Genel olarak konuşmak gerekirse, insanlar yin ve yangın dengeli bir şekilde ifade edilmesinden hoşlanırlar. İçgüdüsel olarak, her ne zaman olursa olsun kendimizi nesnelerin tam olarak doğru olduğu yerde görmek isteriz. Çevremizde denge ve uyum sağlamak üzerinde yoğunlaştığımızda, belli bir insancıl ve dostça güzellik de doğmuş olur.

Peki ya sizin kişisel zevkleriniz? Belki de 8 m. yüksekliğindeki tavanınızı, büyük beyaz odanızı ya da güneş ışığına boğulmuş büronuzu seviyorsunuz. Bunlar, kişisel zevklerinizin çoğunlukla yang kategoriye dahil olduklarının örnekleridir. Belki de, bodrum katındaki dairenizi, karanlık ve rahim yatağına benzeyen ininizden ya da minicik yatak odanızdan memnunsunuz. Bunlarda hiç bir değişiklik yapmak istemiyorsunuz. Öyleyse zevkleriniz daha çok yine yakındır. Çevrenizi sevdiğiniz şeylerle doldurmak kendi kişisel Ch'i'nizin bir ifadesidir. Şeyleri nasıl ayırdığınız ya da yin ve yang diye adlandırdığınız hiç fark etmez, önemli olan kişisel cennetinizi yaratırken kendi tercihlerinizi, stilinizi ve düşüncelerinizi onurlandırmanızdır. Asıl amacınız çevrenizi hoşunuza giden şeylerle doldurmaksa, bunların dantelli, sert, kırsal, deko, eklektik ya da çağdaş olmaları hiç fark etmez. Önemli olan yüzünüzün gülmesidir.

Çalışma :

Şu an içinde bulunduğunuz odada Ch'i'nin kendini nasıl ifade ettiğine bir göz atın. Gördüğünüzden hoşlanıyor ve kendinizi orada tam anlamıyla rahat hissediyor musunuz? Aşağıdaki listeyi kullanarak, odayı süsleyen yin ve yang özellikleri bulun. Yin özelliğin mi yoksa yang özelliğin mi hakim olduğunu ya da ikisinin de eşit bir karışım gösterip göstermediğin belirleyin. Feng Shui gözlerini bu şekilde kullanmak, odanın mükemmel derecede konforlu bir mekan olması için tam olarak neye ihtiyacı olduğunu belirlemenize yardımcı olacaktır.

Oda hoşunuza gidiyorsa, sizin özel konfor bölgenizi oluşturan yin ve yang oranını yaklaşık olarak biliyorsunuz demektir ve buna uygun olarak diğer odaları da düzenleyebilirsiniz.

Yin ve Yang İlişkilerinin Feng Shui Listesi

Yin	**Yang**
Dişi	Erkek
Soğuk/serin	Sıcak/ılık
Karanlık	Aydınlık
Arka	Ön
Yumuşak	Sert
Eğri	Düz
Yuvarlatılmış	Köşeli
Yer	Gök
Ay	Güneş
Alçak	Yüksek

Küçük	Büyük
Süslü	Sade
Geniş	Dar
Yatay	Dikey
Bitki desenli	Geometrik

Beş Elementin Feng Shui'ye Uygulanması

Artık, Feng Shui gözlerinizle yin ve yang'ın görünüşlerini nasıl göreceğinizi bildiğinize göre, çevrenizle ilgili olan beş elementi de keşfetmeye başlayabiliriz. Bu elementler; Ağaç, Ateş, Toprak, Metal ve Sudur ve yeryüzündeki fiziksel her şeyin yapı taşları olarak kabul edilirler. Bu beş element, yin ve yangın birbirlerinden karşılıklı kutupsal etkileşmelerinden doğarak, sayısız yol ve birleşimle çevremizde kendilerini belli ederler. Feng Shui, insanoğlunun bu beş elementin de kombinasyonundan oluştuğunu gözlemlemiştir ve bu nedenle tüm elementler evlerinde veya işyerlerinde temsil edildikleri zaman insanların kendilerini en rahat hissettikleri zamandır. Her ne kadar, hayatın her alanıyla ilgili mucizevi elementsel ilişkiler olsa da biz, evimiz ve iş yerimizle ilgili olan beş elementin tanımlanması üzerinde duracağız.

Beş elementle çalışırken geliştirip, kullandığımız üç beceri vardır :

1. Bir mekândaki elementleri tanımlamak.

2. Gerekli elementsel eklemeleri ve düzeltmeleri belirlemek.

3. Elementsel dengeyi kurmak için özel tavsiyelerde bulunmak.

Eğitilmiş göz için elementsel durumun tanımlanması, belirlenmesi ve dengelenmesi becerisi, bir mekanı mükemmel bir denge durumuna getirmek için gerçekten gereklidir. Bu, olumlu bir sonuç alabilmek için nereye dokunmamız gerektiğini bize gösteren potansiyel bir Feng Shui aletidir. Elementleri görmeyi öğrenmeden önce, bir mekanın dengesiz olup olmadığını söyleyebiliyordum fakat nedenin bilemiyordum. Şimdi ise elementler bana, dengeyi sağlamak için ne yapılması gerektiğini söylüyorlar.

Beş elementin her biri de renkleri, şekilleri ve nitelikleri içeren geniş bir ilişki yelpazesine sahiptir, bu da onların ifade biçimlerini incelemek ve yönlendirmek için kullanılan dili oluşturur. Bu elementler, "Elementsel Kombinasyonlar" başlığın altında anlatıldığı gibi sürekli olarak birbirleriyle birleşirler. Bu dili öğrenmenin en hızlı ve en kolay yolu kendi çevrenizi elementsel anlamda tanımlamaktır. Önceleri, elementlerin kendilerini nasıl ifade ettiklerini görmek size garip gelebilir. Fakat çalıştıkça, kısa sürede gittiğiniz her yerde elementlerin dansını tanımlamayı kolayca başarır hale geleceksiniz.

Çalışma :

Şu an içinde bulunduğunuz odayla başlayın. Bir sonraki sayfadaki "Beş Element Çalışma Kağıdı"nı ve sonraki sayfalarda verilen element listesini kullanın. Şunları araştırın :

1. **Elementlerin kendileri**: Ağaç, Ateş, Toprak, Metal ve Su.

2. **Bu elementlerden yapılmış nesneler** : Örneğin ağaç elementini temsil eden ve ahşaptan yapılmış bir mobilya.

3. **Bu elementleri temsil eden nesneler** : Örneğin, Metal elementiyle ilişkili olan kayalar ya da su elementini temsil eden aynalar.

4. **Elementleri tasvir eden sanat eserleri** : Örneğin, ağaç elementini temsil eden bir manzara resmi ya da ateş elementini temsil eden hayvan heykelleri.

5. **Elementlerin renkleri ve/veya şekilleri ile ilişkisi olan şeyler** : Örneğin, ateşi simgeleyen kırmızı renkte bir iskemle ya da toprak elementini simgeleyen kare bir masa.

BEŞ ELEMENT

Çalışma kağıdı

Tarih:

Oda:

Toprak:

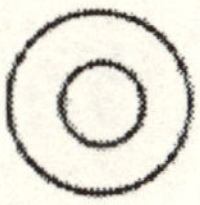

Metal:

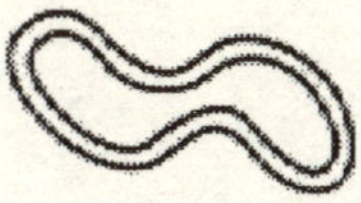

Su:

Ağaç:

Ateş:

Elementsel Kombinasyonlar:

Öneriler:

AĞAÇ ELEMENTİNİN bulunduğu yerler :

- ✓ Ahşap mobilya ve aksesuarlar
- ✓ Ahşap pano, paravan, tavan ve masalar
- ✓ Her tür bitki ile ipek, plastik ve kurutulmuş malzeme
- ✓ Pamuklu gibi her tür bitki kökenli elbise ve kumaş
- ✓ Bitkisel desenli döşemeler, duvar kağıtları, perdeler ve masa örtüleri
- ✓ Manzara, bahçe, bitki ve çiçekleri tasvir eden sanat eserleri
- ✓ Sütunlar, kirişler, kaideler, direkler gibi ağaç gövdesine benzeyen sütunsal şekiller
- ✓ Yeşil ve mavi renklerin her tonu

ATEŞ ELEMENTİNİN bulunduğu yerler :

- ✓ Elektrik lambası, yağ lambası, mum, doğal güneş ışığı ve şömine gibi her tür ışık kaynağı (bkz. "Aydınlatma" bölümü)
- ✓ Kürk, deri, kemik, kuş tüyü ve yün gibi hayvanlardan elde edilen nesneler
- ✓ Ev hayvanı ve vahşi hayat
- ✓ İnsan ve /veya hayvanları tasvir eden sanat eserleri
- ✓ Üçgen, piramit veya koni gibi şekiller
- ✓ Kırmızı rengin her tonu

TOPRAK ELEMENTİNİN bulunduğu yerler:

- ✓ Kerpiç, tuğla ve kiremit
- ✓ Seramikten veya topraktan yapılmış nesneler
- ✓ Kare, dikdörtgen ve uzun yassı yüzeyleri olan şekiller
- ✓ Sarı ve toprak renginin tonları
- ✓ Çöl, tarla gibi manzaraları tasvir eden resimler

METAL ELEMENTİNİN bulunduğu yerler :

- ✓ Paslanmaz çelik, bakır, pirinç, demir, gümüş, alüminyum ve altın gibi her tür metal
- ✓ Mermer, granit ve çakmak taşı gibi her tür kaya ve taş
- ✓ Doğal kristaller, kaya parçaları ve kıymetli taşlar
- ✓ Metal veya taştan yapılmış sanat eseri ve heykeller
- ✓ Beyaz ve açık pastel renginin tonları
- ✓ Daire, oval ve kemer şekilleri

SU ELEMENTİNİN bulunduğu yerler :

- ✓ Akarsular, nehirler, havuzlar, çeşmeler ve her tür suyla ilgili dekor (bkz. "Suyun Kullanıldığı Mimari Elemanlar" bölümü)
- ✓ Kesilmiş bir kristal, cam ve aynalar gibi yansıtıcı yüzeyler
- ✓ Akan, şekli olmayan ve asimetrik şekiller

✓ Kömür grisi ve gece mavisi gibi siyah ve koyu tonda renkler

Elementsel Birleşimler

Çevrenizdeki nesnelerin elementsel birleşimlerini fark etmek ilginç olmaktadır. Feng Shui'de klasik olarak Ch'i'yi iyileştirmek için kullanılan bir akvaryum, Beş Element'in tek bir ifadede toplanmasına iyi bir örnektir. Suyun kendisi ve cam kap Su elementini temsil ederler; bitkiler Ağaç elementini; balıklar Ateş elementini; kum Toprak elementini; taşlar ise Metal elementini temsil eder. En çok sevdiğiniz doğal cenneti düşünün, olasılıkla burası bir adada, dağda ya da ormanın derinliklerinde bile olsa beş elementin de uyumlu bir karışımından oluştuğunu fark edeceksiniz.

Evde ve iş yerinde, sonsuz çeşitlilikte beş element düzenlemeleri yaratabilirsiniz. Her elementle ilgili olan nesneleri, renkleri ve şekilleri bir araya getirerek yapabileceğiniz farklı kombinasyonları düşünün. Örneğin, bir aynanın önüne (su elementini temsil eder), sağlıklı bir bitkiyi (ağaç elementi) kırmızı bir pişmiş toprak saksı (ateş ve toprak elementleri) içinde koyabilirsiniz. Buraya metal elementini de katmak için bitkinin yanına parlatılmış bir taş ya da bronz bir heykelcik yerleştirebilirsiniz, böylece basit bir düzenleme ile beş elementi de bir araya toplayabilirsiniz.

Elementsel İfade

Elementler fiziksel formlar oluşturmak için sayısız yolla birleşirler. Çevrenizde beş elementle çalışmanın en kolay yollarından biri de, bir masanın üstünde, bir odada, bir evde, bir arazi parçasında, hangilerinin olmadığını incelemek ve onları eklemektir. Bu, sevdiğiniz şeyleri kullanarak uyum ruhu içinde yapılır. Bildiğiniz gibi en basit nesne bile bir kaç elementin karışımı olabilir. Örnek olarak ofisimdeki bir masayı alalım. Elementsel yapısını incelediğimde, masanın, üç elementin de birleşiminden oluştuğunu görüyorum. Dikdörtgendir (toprak), siyahtır (su) ve üzerinde çiçek resimleri (ağaç) vardır. Diğer iki elementi de getirmek için yuvarlak beyaz bir tepsi (metal) ve bir lamba (ateş) ekledim. Bu düzenleme, odanın içindeki Ch'i'yi artırıp iyileştirerek beş elementi de uyumlu bir şekilde birleştirmiştir.

Beş elementle çalışırken, aynı zamanda kendinizi tamamıyla yeni bir görüş tarzında eğitmiş olursunuz. Çalışırken rahat olun. Nesneleri elementsel olarak yerleştirmeye çalışırken kendinizi kaybetmeniz mümkündür. Bu incelemelerin hedefi ise bu değildir. Bir nesnenin ya da mekanın elementsel kompozisyonunu belirlemek istenen sonucu (elementler arası denge) alabilmek için gerekli olan tek şeydir.

Çalışma :

Şu an bulunduğunuz yerde çevrenize bakın ve masa, yazı masası ya da iskemle gibi bir mobilya seçin. İçerdiği elementleri bulun. Bir ya da daha fazla sayıda element yoksa onu nasıl getireceğinize karar verin. Uyumlu bir düzenlemeyle beş elementi de bir araya getirdiğinizde, çevrenizdeki Ch'i'nin güçlendiğine ve dengelendiğine dikkat edin.

Şimdi de, içinde bulunduğunuz odayı elementsel olarak tanımlayın. Odaya her zamanki bakış tarzınızı ve odayı sevip sevmediğiniz gibi düşünceleri bir yana bırakarak, odada sizi çevreleyen elementlerin bir listesini yapın. Bunu yaptıktan sonra hakim bir element olup olmadığına dikkat edin. Ayrıca bulunmayan bir element olup olmadığına bakın. Kayıp olan elementi nasıl ekleyeceğiniz üzerinde düşünün.

Beş Elementin Besleyici ve Kontrol Edici Döngüleri

Beş elementin Besleyici Döngüsünde. her element bir diğerini mükemmel bir uyumla besler ve güç verir :

- ✓ Su, Ağacı besler,
- ✓ Ağaç, Ateşi besler,

- ✓ Ateş, Toprağı oluşturur,
- ✓ Toprak, Metali yaratır ve
- ✓ Metal, Suyu tutar.

Besleyici Döngü, bize, elementlerin bir diğerini sonsuz bir döngü içinde nasıl güçlendirip, beslediklerini gösterir. Beş elementin her biri de bir mekanda mevcut olduğunda doğal bir denge de kurulmuş demektir.

Kontrol Edici Döngü'de ise elementlerin bir diğerine nasıl hükmettiklerini ve onu nasıl kontrol ettiklerini görürüz :

- ✓ Ağaç, Toprağı tüketir,
- ✓ Toprak, Suyu emer,
- ✓ Su, Ateşi söndürür,
- ✓ Ateş, Metali eritir ve
- ✓ Metal, Ağacı keser.

Elementlerin Kontrol Edici Döngüsü'nün olumsuz bir etkisi olmadığını bilmek önemlidir. Daha çok, elementsel uyumu sağlamak için kullanılan en hoş yöntemlerden biridir ve en çok beğendiğimiz yerlerin pek çoğunda da mevcuttur.

Beş Element

Besleyici ve Kontrol Edici Döngü Tablosu

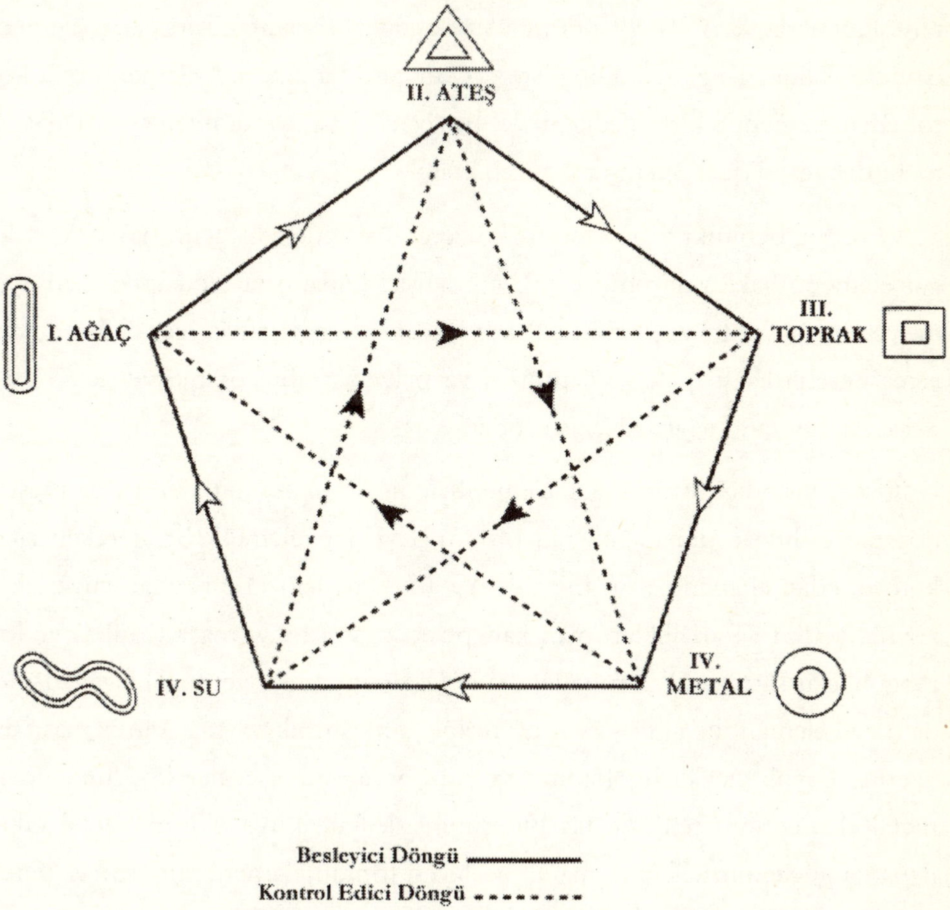

Bir çölde yürüdüğünüzü hayal edin, toprak göz alabildiğine uzanmaktadır. Aniden, ufukta, eski ağaçlardan oluşan bir koru gözünüze ilişir, yapraklarla dolu dalları göğe doğru uzanmaktadır. Bu, Toprağı (çöl) tüketen Ağaçtır (ağaçlar). Bir ormanın derinliklerinde yürüdüğünüzü hayal edin, sonsuza uzanan bitki ve ağaçlardan oluşan bir manzara vardır. Sonra, bir dönemeçte, ağaçların ortasında, likenlerle renklendirilmiş ve üzerinde sayısız damar olan bir grup iri kayaya rastlıyorsunuz. Bu, Ağacı (ağaçlar) "kesen" Metaldir (kayalar). Ya da , sonsuz bir okyanusa baktığınızı ve uzakta altın rengi kumları olan bir ada gördüğünüzü düşünün. Bu, Suyu (okyanus) "emen" Topraktır (ada). Doğa, sürekli olarak bize elementlerin kontrol edici döngüsünün denge ve güzellik yaratabileceğinin örneklerini vermektedir.

Bir mekanın element dengesini sağlarken beş elementin besleyici ve kontrol edici döngülerini bilmek çok yararlı olmaktadır. Özellikle bir element hükümran olduğunda, kontrol edici döngü size dengeyi sağlamak için hangi elementin devreye sokulması gerektiğini gösterecektir. Bu hakim olan elementi onu kontrol eden elementle birleştirdiğinizde, besleyici döngüye dönebilir ve dahası element dengesini de mükemmelleştirebilirsiniz.

Örneğin, benimki de dahil olmak üzere, üzerinde çalıştığım pek çok evde ağaç elementi hakim durumdadır. Evim, ahşap kaplamalar ile kaplıdır, ahşap bir ön verandası vardır ve çevresi bahçe ve ağaçlarla çevrelidir. İçeride ise duvarlar çiçek desenli kağıtlar ile kaplanmıştır ve pek çok tahta bölme ve detay vardır. Kısacası, her taraf ağaç, ağaç ve ağaçtır.

Oraya taşındığımızda, Ağaç elementiyle ilgili olan ev bitkileri ya da meşe bir döşemeye ihtiyaç olmadığını biliyordum. Evi dengelemek için gereken ağacın kontrol edici elementi olan metaldi. Yatak odası için krem rengi, yuvarlak kol koyma yerleri ve arkalıkları olan kanepeler, pastel rengi masa örtüleri ve krem rengi halılar satın aldık. Bronz lamba koleksiyonumuzu ve doğal kayaları- hepsi de metal elementine aittir - evin çevresine yerleştirdik. Ayrıca kahve masamızın üzerine büyük çiçekli bir kiremit ve düz beyaz bir mermer koydum, böylece metal elementinin renk ve taş birleşimini de kullanmış oldum. Metal etkisini daha da güçlendirmek için, metali besleyen toprak elementinin artması gerektiğinden emindim. Bunu da kahve masasının üzerine büyük, altın sarısı renkte bir şamdan koyarak yaptım. Bu aydınlatma ateş elementini de getirmekteydi. Ağaç, ateşi beslediği için, şamdan, sembolik olarak evin içindeki ağaç fazlalığını da yakmaktaydı.

Tuğladan yapılmış şömine ise hem Ateş hem de toprak elementini temsil etmekteydi. Şömine yaz aylarında kullanılmadığı için kum (toprak) ve parlak renklerde yuvarlak kayaları (metal) kullanarak onu bir taş bahçesine dönüştürdüm. Şöminenin üzerindeki büyük ayna haricinde çok fazla su elementi getirmemeye çalıştım, çünkü besleyici döngüde su, ağacı besler. Mekandaki "Ağaç" elementinin fazlalığı göz önüne alındığında, koyu renkli kanepeler, masa örtüleri ya da halılar koymak da bir hata olacaktı, çünkü bunlar da su elementi ile ilişkilidirler. Aynı nedenden dolayı aynaların, cam ya da kristallerin fazlaca kullanımı da sorun teşkil etmekteydi.

Kontrol Edici Element Döngüsü üzerinde çalışırken şunları aklınızda bulundurmalısınız :

- ✓ Hakim olan element Ağaç ise, onu kontrol eden Metal elementini devreye sokun ve Toprak ve Ateş ile belirginleştirin. Su elementini fazla kullanmayın.
- ✓ Hakim olan element Ateş ise, onu kontrol eden Su elementini devreye sokun ve Metal ve Su ile belirginleştirin. Ağaç elementini fazla kullanmayın.
- ✓ Hakim olan element Toprak ise, onu kontrol eden Ağaç elementini devreye sokun ve Metal ve Su ile belirginleştirin. Ateş elementini fazla kullanmayın.
- ✓ Hakim olan element Metal ise, onu kontrol eden Ateş elementini devreye sokun ve Su ve Ağaç ile belirginleştirin. Toprak elementini fazla kullanmayın.
- ✓ Hakim olan element Su ise, onu kontrol eden Toprak elementini devreye sokun ve Ağaç ve Ateş ile belirginleştirin. Metal elementini fazla kullanmayın.

Çalışma :

İşte size denemek için ilginç bir çalışma. Öncelikle çalışmayı tarif edecek sonra da bir örnek vereceğim.

Evinizde ya da ofisinizde elementlerden birinin hakim olduğu bir oda seçin. Öncelikle, Besleyici Döngü Tablosu'na bakarak hangi elementin bu elementi beslediğini sonra da Kontrol Edici Element Tablosu'na bakarak bu elementi hangi elementin kontrol ettiğini bulun. Şimdi, besleyici elementi temsil eden bir nesne bulun ve onu odanın içinde göze çarpan bir yere yerleştirin. Ch'i dengesine ne yaptığını fark etmeye çalışın. Bu nesneyi alıp, kontrol edici elementi temsil eden bir nesneyi odada göze çarpan bir yere koyun. Ch'i'de olan değişime dikkat edin.

Bu çalışmaya örnek olarak oturma odamı aldım, hakim olan element Ağaç'tı. Ağacı besleyen element Su'dur. Su elementini artırmak için, kanepelerin üzerine koyu örtüler serdim. Bu, Ağaç elementini daha da besledi ve odanın içindeki Ch'i'nin çamursu bir hal aldığını ve halen hakim olan Ağacı besleyerek çok fazla Sulu renk nedeniyle davetkar olmayan bir hava estirdiğini fark ettim.

Sonra, kanepeleri, metali temsil eden açık krem renk ile kapladım ve değişikliği gözlemledim. Çamursu Ch'i kayboldu ve odayı, konforlu, dengeli bir his doldurdu. Daha sonra, elementsel dengeyi daha da güçlendirmek için Toprak ve Ateş elementlerini belirginleştirdim.

Bu çalışma, gerçek bir Feng Shui gözü eğitimidir. Çoğu kişi, bir mekanda hakim olan elementi, sadece, onu kontrol eden element ile dengeleyerek ve sonra da belirginleştirici elementleri ekleyerek yol açtıkları olumlu değişiklik karşısında şaşkınlığa düşerler. Buna Feng Shui simyası diyebilirsiniz. Beş elementi doğru bir şekilde karıştırın, böylece altından bir mekana sahip olabilirsiniz.

Kendin gibi sev,

Ama önce seç komşunu.

- Louise Beal

4. Konum, Konum, Konum

Bu bölümün başlığı, profesyonel emlakçıların bir gayri menkulün ne kadar ettiğini açıklarlarken sıkça kullandıkları cümleden alınmıştır. Bir yerin konumu onların dünyasında en önemli şeydir, aynı şekilde Feng Shui dünyasında da anahtar bir öneme sahiptir. Bazı yerler kendiliklerinden uğurludur - tüm özellikler tam doğru yerde bulunmaktadırlar. Fakat, çoğu yer dengelenmeye ihtiyaç duyan daha az mükemmel bir duruma sahiptirler.

Feng Shui, aynı zamanda kapılar, pencereler, köşeler, kirişler, caddeler ve komşu binalar gibi yapısal özelliklerle de ilgilidir. Bu elemanların her birinin eviniz ve iş yeriniz üzerinde etkisi vardır; bu etkinin insan dostu olmasına dikkat etmelisiniz.

İnancıma göre çok az umutsuz vaka vardır. Amacınız dengelenmiş bir mekanda yaşamak üzerine yoğunlaştığında ve bu sonuca ulaşmak için Feng Shui prensiplerini uyguladığınızda, mekansal pek çok hastalık ve yarayı başarıyla tedavi edebilirsiniz. Mekanlar, insanların gösterdikleri sevgi dolu dikkate cevap verirler. Ch'i'deki küçük bir artış bile daha dengeli bir yapıya kavuşmak için gerekli olan değişikliklere yol açabilir.

Evim, Güzel Evim

Evler için en ideal konumun, çevrelerinde beş elementi uyumlu bir şekilde bulunduran dağ zirveleri ile düz ovalar arasında bulunan yerler olduğunu biliyoruz. Üzerinde çalıştığımız yer böyle değilse bunu nasıl sağlayacağımızı araştırırız. Evinizin çevresine funda çitler ve ağaçlar ekerek, dar yollar ekleyerek ya da evin arkasına ve yan taraflarına çitler yerleştirerek ideal bir "koltuk" şekli yaratabilirsiniz. Evinizin önüne suyun kullanıldığı mimari bir eleman koyarak ya da size suyun akışını hatırlatan kıvrımlı bir yol yaparak su elementini devreye sokabilirsiniz. Kendinizi orada rahat ettirebilir, çevrenizi kişiselleştirebilir ve çiçek tarhları, sebze bahçeleri, avlular, verandalar, küçük kulübeler ve güzel görünümlü bahçeler ekleyerek Ch'i'yi düzeltebilirsiniz. Taş duvarlar, iri kaya kütleleri ve beyaz çiçeklerle metal elementini vurgulayın. Ateş elementini belirginleştirmek için insan ya da hayvan heykelleri ekleyin ve parlak kırmızı renkte çiçekler dikin. Toprak elementini güçlendirmek için altın rengi ve sarı çiçekler ekin. Olasılıklar sonsuzdur.

Kendisine ait bahçesi olmayan bir dairede yaşıyorsanız veya sizi çevreleyen arazi üzerinde herhangi bir nedenden dolayı çalışamıyorsanız aynı prensipleri içeride uygulayın. Doğayı içeriye getirin. Mekan ne kadar kente aitse, beş elementi doğal formalarında evinize getirmeniz de o kadar önemlidir. İçeride bitkiler, çiçekler, kayalar, kabuklar, deri, yün, şamdan ve su gibi nesneleri kullanın. Bir dairenin odasının ya da bir evin önünde bulunan küçük bir su elemanı mekanın önünde akan suyu simgeler ve şehir gürültüsünü maskeleyen uyumlu sesler sağlar. Büyük bitkiler o dairenin arkasında koruyucu bir ormanı simgelerken, pencere panjurları da evinizin yan taraflarını korur.

Yaşadığımız Sokaklar

Feng Shui'de, sokaklar Ch'i'yi çeşitli hızlarda kanalize eden "su yolları" olarak görülürler, bu hız, köpürerek akan nehirler gibi olan şehirlerarası yollardan, kıvrılarak giden taşra yollarına, şehirdeki dur-kalk bataklıklarına dek değişim gösterebilir.

Çoğu Batı ülkesinde, köpürerek akan nehirler gibi işleyen viyadükler, şehirlerarası yollar ve diğer çok kullanılan çevre yollarının hemen yakınında ya da üzerinde yaşayan pek çok insan vardır. Geniş kır yollar, kıyıları boyunca bulunan binaları, arazileri ya da insanları beslemeye yetmeyecek kadar uzaklarda kalmışlardır. Bu yerlerin insanların sağlıkları üzerindeki açık etkilerinin yanında, bu hiddetli Ch'i, yararlı Ch'i'yi yıpratarak ve uzaklaştırarak bu mekanların üzerine çekilebilmektedir.

İşlek yollar ne kadar geniş ve evinize ne kadar yakınsa, sağlıklı bir denge sağlamak için o kadar çok Ch'i üreticisi ve düzenleyicisine ihtiyaç duyarsınız. (Öneriler için "Temel Feng Shui Araçları" bölümüne bakınız.) Örneğin, bitkiler havayı toksinlerden temizler ve güzel bir görünüm sağlarlar, bu nedenle eviniz ve ana yol arasına ağaç dikebilir ve küçük bir koru oluşturabilirsiniz ya da dairenizin balkonuna çiçek saksıları dizebilirsiniz. Su elemanları ve uyumlu ses yapıcılar bir mekanı, besleyici Ch'i ile doldurabilirler ve trafik gürültüsüne karşı bir kalkan olabilirler. Parmaklıklar ve duvarlar birer başlangıçtırlar, fakat Ch'i'yi sürekli olarak tazelemek için yaşayan ya da hareket eden şeylerle artırılmaları gerekir.

Çıkmaz sokaklar ve T şekilli yol kesişimleri de birer meydan okumadır. Bu konfigürasyonları su yollarına benzetirsek, sokakların sona erdiklerini fakat Ch'i'nin yol üzerindeki eve doğru gelgit dalgaları gibi ilerlediğini görürüz. Eve ulaşan bu Ch'i gel-git dalgaları bizim için besleyiciyse, bu iyidir. Fakat, çoğu insan için sağlıklı olamayacak kadar fazladırlar. Sokak ve ev arasında, ağaçlardan, çitlerden ve diğer süsleyici elemanlardan oluşmuş koruyucu bir engel evin ön taraflarında bir yerlerde düzenlenebilir. Bu engel, sokaktan gelen Ch'i saldırısına karşı gerekli korumayı sağlarken, doğrudan evi besleyici Ch'i ile destekler.

Genel olarak, caddeleri su yolları gibi gördüğünüzde, Ch'i'lerinin insan dostu olup olmadıklarını da anlayabilirsiniz. Her zaman olduğu gibi, bir özellik ne kadar uçtaysa - bu durumda, yollar - konfor ve uyum sağlamak için o kadar dengelenmeye ihtiyacı vardır.

Pencerelerimiz ve Kapılarımız

Ch'i, bina içinde pencereler ve kapılar yoluyla akar. Herhangi bir binanın içindeki ana Ch'i akışını görebilmek için, ön kapıdan içeriye bakın. Bu stratejik noktadan görebildiğiniz pencere ve/veya kapılar Ch'i'nin izlediği ana yolu gösterir. Bu her oda için geçerlidir. Kapı önünde durun, pencere(ler)den ve diğer kapı(lar)dan bakın ve esas Ch'i yolu önünüzde uzanmaktadır.

Her zaman olduğu gibi ideal olanı, kapılar ve pencereler arasında her zaman hoş, dostça, kıvrılarak geden bir akışın olmasıdır. Bu elemanlar ne kadar genişse, bu yolla giren ve mekânı besleyen Ch'i de o kadar hızlı hareket eder. Örneğin, bir ofisin içinde yürüdüğünüzü ve odanın iki yanında da yerden tavana dek uzanan büyük pencereler gördüğünüzü düşünün. Bu görüntü şaşırtıcıdır ve sizi kolaylıkla odaya doğru çekebilir. Siz ve kapıdan giren her Ch'i parçası aniden, bu alabildiğine büyük, muhteşem camlara ve dışarı doğru çekilirsiniz. Bu, güzel olabildiği kadar, odanın içindeki Ch'i'yi bir kaç saniyeden fazla tutmak istediğinizde sorun çıkarıcı olabilmektedir. Ofiste oturan bir kişi, Ch'i tüketimini, aşırı iş yükü, yüksek stres seviyesi ve fazla destek görmeyen katı bir faaliyet olarak deneyimleyecektir. Sözün özü o kişi ölümüne yang olmuştur. Bu, aşırı derecede yang olan, bu nedenle de yin etkilerle dengelenmesi gereken mimari bir özelliktir, böylece kapıdan giren Ch'i çevrede rahatça akacak ve dışarı çıkmadan önce odayı besleyebilecektir. Odaya uyum getirmek için tüm yapılması gereken, pencerelere yumuşak kıvrımlı perdeler asmak, pencerelerin önüne alçak, yatay hatları olan büfeler koymak ve Ch'i'nin yin ve yang ifadelerini dengelemek için köşelere bitkiler ve heykelcikler yerleştirmektir.

Diğer yandan, odada Ch'i'nin akacağı yolu sağlayan pencereler yoksa, Ch'i'nin durgun olduğu ya da hiç olmadığı hissedilebilir. Pek çok banyo ve ofis bu şekilde inşa edilmişlerdir. Mekanı daha geniş gösterecek büyük aynalar ve çiçekler, parlak renkler, ışıklar ve doğal nesneler gibi Ch'i düzenleyiciler odanın içine daha fazla Ch'i çekmeye yardımcı olacaktır.

Ne zaman bir pencere ya da kapı bir diğerinin tam karşısına denk gelse, Ch'i'nin de aradaki boşluktan çok hızlı bir şekilde akmaya eğilimi olur. Ön kapıyı açtığınızda, doğrudan arka kapıyı ya da bir pencereyi görüyorsanız, olasılıkla burayı beslemek için hızı çok fazla olan bir Ch'i yolu ile karşı karşıyasınız demektir. Mümkünse, Ch'i'yi yavaşlatmak ve evin diğer bölümlerine doğru yönlendirmek için araya bir perde, mobilya, bitki ya da sanat eseri gibi bir şey koyun. Tıpkı bedenimizdeki sindirim sistemi gibi, çevremizdeki Ch'i tarafından iyi beslenebilmek için bulunduğumuz yerlerdeki Ch'i'nin çok hızlı ya da çok yavaş hareket etmesine değil, doğru bir şekilde hareket etmesine ihtiyacımız vardır.

Komşuların Pencere ve Kapıları

Hepimiz hayatımızın bir bölümünün özel kalmasından hoşlanırız, Feng Shui'de de özel hayat çok önemli bir yer sahiptir, özel hayatın eksikliğinin negatif bir etkisi vardır. Yaşama ve çalışma mekanlarımız bizim kişisel krallıklarımızdır ve buraların cennetimiz olduğunu hissetmemiz için özel olduklarını hissetmemiz gerekir. Banliyödeki ve kent içindeki konutların çoğu dip dibe yapılmışlardır ve her pencere ve kapıdan diğer binaların pencere ve kapılarını görebiliriz. İdeal konumu belirlerken, evimize ve ofisimize ustalıklı bir şekilde mahremiyet getirmeye ihtiyacımız vardır.

İster yan dairede, ister yan binada olsunlar, komşularımızla olan ilişkilerimiz, gece - gündüz gözetlenmediğimizi hissettiğimiz zaman çok daha uyumlu olacaktır. Sakinlerinin biraz mahremiyet kazanabilmek için ağaçların büyümelerini beklediklerі pek çok ev gördüm. Komşularıyla olan ilişkileri gergindi, çünkü konforlu bir mekan için bu kadar yakınlık fazlaydı. Bildiğimiz gibi, komşularımızda dolaşan Ch'i, sürekli olarak sağlığımızı ve mutluluğumuzu etkilemektedir. Bu nedenle, komşularımızın pencere ve kapılarının baktıkları yerlerin ait oldukları yere dönük olduklarından, yani özel krallıklarımızın dışında bir yerlere baktıklarından emin olarak onlarla iyi ilişkiler kurmamız en iyisidir.

Mekana mahremiyet kazandırmanın en kolay yolu, özellikle diğer pencere ve kapılarla karşı karşıya olan pencere ve kapılarımıza perdeler koymaktır. Komşunun penceresi veya kapısı özellikle tecavüzkâr ise, örneğin ön kapısı sizinkinin tam karşısındaysa, dışarıya, saldırgan kapıya dönük olarak küçük bir ayna asılabilir, böylece saldırgan Ch'i kaynağına geri döndürülebilir. Doğru yükseklikte yerleştirilmiş ya da asılmış bitkiler, perdeler, çitler ve iyi yerleştirilmiş sanat eserleri de bu mahremiyet kazandırma oyununda işe yarayabilir. Önemli olan, bir başkasının sadece bulunduğunuz yere bakarak sizi gördüğünü hissetmemenizdir.

Ofisler ve İşyerleri

"Ejderhanın karnı", yani dünyadan saklı güvenli bir konum, ideal bir iş konumu için gerekli değildir. Burada ejderhanın "gözünü" tercih ederiz: önde dışarıda, açık ve yoğunlaşmış, görüntüyü yönlendirmeye hazır. İşi yönetecek bir yer seçilince, başarı için göze çarpan bir yerin ve reklamın iki yaşamsal derecede önemli nokta olduğu da bilinen bir gerçektir. Doğrusunu söylemek gerekirse, arkada, ejderhanın "kuyruğunda" olduğu için iflas eden pek çok iş vardır. İş yeriniz insanlar tarafından ne kadar az görünürse, işinizi yoluna koymak için Ch'i'yi o kadar çok güçlendirmeye ve artırmaya ihtiyaç duyarsınız.

Temel Feng Shui Araçlarının ustalıklı bir şekilde kullanımı iş yerlerine olduğu kadar konutlara da uygulanabilir. Parlak renkli bez afişlerin, pankartların, çıngıraklar, müzik aletleri ve su gibi ses üreticilerinin, mağazadaki malların rüzgarda sallanan renkli bez afişlerinin müşteri çekmekteki güçlerini küçümsemeyin. Parlak renkleri, sembolleri ve/veya logoları olan pankartların özellikle göz alıcı olduklarını ve müşterileri çeken bir kutlama havası yaydıklarını fark ettim. Bu tür buluşlar, insanları içeri girip, iyi vakit geçirmeye davet eden kocaman, dost eller yerine geçerler. Rüzgar çanları, çıngıraklar ve müzik, kelimenin tam anlamıyla yoldan geçen insanlara uzanmak için kullanılabilecek diğer seçeneklerdir. Gözden uzakta kalmış bir iş yerinin renk, hareket, gösteri yoluyla kendini belli ederek Ch'i dengesini sağlaması özellikle önemlidir.

Toptan ve perakende satış yapan bir çiçekçinin durumu da böyleydi. Bir eşya deposunda bulunan dükkanının girişi sokaktan görülemiyordu ve mekansal imkansızlıklar büyük işaretlerin konmasını engelliyordu. Gene de, Feng Shui prensiplerini uygulayarak, bu iş yerinin kendini gösterebileceğini ve renkli, yaratıcı bir yolla insanları çekebileceğini gördüm. Binanın yan tarafına parlak renklerden oluşmuş bir çiçek çelengi resmi yapılarak, müşterilerin dikkati çekildi ve binanın çevresinden çiçekçiye doğru yönlendirilmeleri sağlandı.

Ayrıca iş yerinin refah ve başarı bölgesinin Ch'i'sini düzeltmek için yazar kasalarını bu alana yerleştirmelerini önerdim, müşteri trafiğini düzenlemek için tezgâhlar konabilir ve perakende malların gidişini kolaylaştırmak ve dükkana biraz ilginçlik katmak için vazolara konmuş çiçeklerden bir sergi hazırlanabilirdi. Çekici çiçek demeti resmi ve içeride yapılan Feng Shui dengelemesi ve düzenlemesi sonuç vermişti. Dükkana müşteri aktı, kucak dolusu taze çiçek satın alarak çıkarlarken dükkan sahibesi de hızla büyüyen işinin tadını çıkardı.

Diğer yandan, dikkat çekici bir konuma sahip iş yerleri bile müşteri çekmek için içerideki Ch'i'yi iyileştirmeye ihtiyaç duyabilirler. İnsanlar oradan geçip, içeri bakarlarken gözlerine çarpan bir şey onları karşı koyulmaz bir şekilde içeri çekebilir. Örneğin, büyük bir optik aletler şirketi, yeniden düzenleme projeleri sırasında Feng Shui yardımı istemişti. Arka duvara, üzerinde şirketin ismi olan parlak renkli bir bez afiş asmalarını önerdim. İnsanlar oradan geçerken içeriye bir göz attıklarında, arka duvardan kendilerine işaret eden canlı renkler sayesinde içeriye çekileceklerdi.

Aynı hatayı işleyen pek çok dükkan ve iş yeri ile çalıştım. Pencerelerini sattıkları mallara ve verdikleri hizmetlere ait işaretler, bilgiler ve fotoğraflar ile öylesine doldurmuşlardı ki içerisi görünemiyordu. Tıbbi hizmetler, sağlıklı ve lezzetli yiyecekler ve özel şeyler satan küçük iş yerlerinde de buna benzer durumlar söz konusudur. Dükkanın içindeki güzel bir şey tarafından çekilmek yerine, şu iki durumdan biri meydana geliyordu. İnsanlar, ya sadece bilgi veren broşürü okuyup bilmeleri gerekenleri öğrenip uzaklaşıyorlar ya da üzerlerine gelen görsel bilgi nedeniyle bir an duraklıyorlar ve (daha da hızlı bir şekilde) yollarına devam ediyorlardı. Her iki durumun da iş için iyi olmadığı açıktır. Dükkan sahipleri camlara ilginç haberleri ve bilgileri asmak gibi bir hizmet vermek isterlerken aslında, hem kendilerine hem de müşterilerine büyük bir zorluk çıkarmaktadırlar.

Yakın zaman içinde, harika bir yere sahip bir tıp ofisi ile çalışmıştım. Girişe yaklaşırken, camda 14 değişik resim saydım. Birini 15 dakika boyunca meşgul etmeye yetecek kadar yazılı bilgi vardı. Pencerelerinden, çalışma saatlerini gösteren tabela haricindeki her şeyi kaldırıp, sadeleştirmelerini önerdim. Bu değişiklik, davet edici ve konforlu olacak bir şekilde tekrardan düzenlediğimiz bekleme salonlarının görünmesini sağladı. İçeride duvara konmuş bir bülten tablosu, hastaların bekleme odasında broşürleri okumasını imkan veriyordu ve ayrıca pencereden bakıldığında ilgiyi çekmekteydi. Bu değişikliklerden sonra, ön bürodaki eleman içeriye daha fazla insanın girdiğini, servisleriyle ilgilendiklerini ve doktordan randevu aldıklarını fark etti.

Bir iş sahibiyseniz, mekanınıza bir Feng Shui bakışı atın. Her hangi bir şekilde gözlerden ya da işlek bir yoldan uzaktaysanız, müşterileri çekmek için dışarıya özel bir şeyler yapmanız gerekir. Göze çarpan bir konumunuz varsa, insanları dükkanın merkezine doğru çekmek için içeride özel bir şeyler yapmanız gerekmektedir. İnsanlar, sizinle iş yaparak bu değişikliklerden dolayı size teşekkür edeceklerdir.

Bir mekanın içinde, bu kitapta anlatılan Feng Shui prensiplerinin çoğu devreye sokulabilir. Mobilyalar, sergiler ve tezgahlar köşeleri olabildiğince az bir şekilde müşterilere yöneltilmiş olarak yerleştirilebilir. Geniş yürüme yolları, malların arasında davetkar bir şekilde kıvrılarak dolaşabilir. Beş element mükemmel bir denge içinde, temsil edilerek, insanların içinde bulunmaktan - ve paralarını harcamaktan zevk alacakları bir mekan yaratılabilir. Dükkandaki Bagua alanları (bkz. Bagua Haritası) dükkan sahibinin yararına olacak şekilde düzenlenebilir. Yazar kasa göze çarpan bir yere, genellikle de dükkanın ya da tezgahın Refah köşesine konabilir. Kayıp Bagua alanları aynalar veya diğer Feng Shui Araçları ile dengelenmelidir; tavanlar, kirişler ve kemerler, mekanda dengenin sağlanması ve satışların artması, müşterinin memnun edilmesi ve işin devam edebilmesi amacıyla dengelenebilir.

Elinde olanlarla,

Bulunduğun yerde,

Elinden geleni yap.

- Theodore Roosevelt

5. Yapısal Özellikleri Dengelemek

Bizi besleyen Ch'i aşırı uçlar arasında dengelenmiştir. Uyumlu bir mekanda Ch'i, içeride tıpkı bir ilkbahar meltemi gibi, neşeli, canlılık verici bir şekilde kıvrılarak akar ve sonra da tekrar dışarı çıkar. Feng Shui gözlerimizi açarak, bu besleyici akışın meydana gelmesini engelleyici ya da aksatıcı tüm keskin köşeleri yumuşatabiliriz.

Çevremizdeki Ch'i'nin bu sinsi doğası nedeniyle bu görevi yüklenmek isteriz. Bir saat, bir gün ya da belki bir hafta boyunca dengesiz ortamda bulunabilir ve içsel dengemizi koruyabiliriz. Fakat, orada günler, aylar boyunca yaşadıkça veya çalıştıkça, tıpkı bir taşın üzerine damla damla düşen su gibi bizi aşındırmaya başlar.

Bu ikilemi temsil eden klasik bir hikaye vardır. Bir adam, her gün evinin ön kapısından girebilmek için fazlaca gelişmiş bir ağaç dalının altından geçmek zorundaymış. Sonunda her yere kamburunu çıkararak yürümeye başlamış. Budanması gereken bir ağaç dalı bu adamın yürüyüşünü de değiştirmiştir. Kamburluğu onu, hastalığa, iş kaybına ve parasal sorunlara götürmüş.

Bir gün, bu adamın komşusu elinde, bahçesinden topladığı sebzelerle onu ziyarete gelmiş. Kapının önündeki dal, komşunun kapıya rahatça ulaşmasını engellemiş ve o da sepetini yere koyup dalın altından eğilerek geçmek yerine, elindekileri bir başkasına vermeye karar vermiş. Dahası, komşuda, adamın hiç de dost canlısı olmadığı intibası uyanmış. Öyle olmasa, neden kapısının önünde bu dalın büyümesine izin verirdi ki? Adamı bir daha ziyaret etmemeye karar vermiş. Bunu izleyen günlerde, komşu yaşadığı bu olayı diğer insanlara da anlatmış. Bu hikaye her anlatıldığında biraz daha abartılmış ve dinleyen herkes bu adamın evini böylesine zavallı bir durumda bıraktığı ve ziyaretçileri dışlayan bir tavır takındığı için komşuluğun yüz karası olduğunda birleşmiş. Adamın hayatında görünüşte beli belirsiz bir etkisi olan bir şey gerçekten de çok büyütülmüş.

İnsanlar, bir başkasına ya da bir binaya yaklaşırken kendilerini nasıl hissettiklerine bağlı olarak acele yapılmış hükümlerde bulunurlar. Sadece tek bir dal bile, komşunun hediyesini vermek hakkındaki fikrini değiştirmesine ve onda diğer insanlarla da paylaştığı negatif etkiler oluşmasına neden olmuştur. Bu hikayeyi, müşterilerin ve her tür yardımcı insanın evimize ya da iş yerimize girdiklerinde kendilerini nasıl hissettikleri yönünden görmeye çalışırsak, dışarıya kırmızı bir halı sermenin ve giriş yolunu açık tutmanın ne kadar önemli olduğunu anlayabiliriz.

Ch'i Ağızları - Kapı Eşikleri

Her gün kim bilir kaç tane eşikten geçeriz? Bunların her biri de, tıpkı nefes gibi, Ch'i'nin girdiği ve çıktığı bir "ağız" olarak kabul edilir. Feng Shui'de, ön giriş en büyük ve en önemli Ch'i ağzıdır. Toplulukla olan ilişkimizi temsil eder ve olumlu, yaşamsal Ch'i'yi enerji, insan ve fırsatlar formunda binaya çağırmak ve yönlendirmek için bir araçtır. Eşikler, caddeden ya da sokaktan ön kapımıza dek gelen bir yolun, buranın önemini ve burayı besleyen Ch'i kanalını tanımlamaya yardımcı olacaktır.

İdealde, eşiklerde, kapının tam olarak açılmasını engelleyecek hiç bir şey olmamalıdır. Sonrasında, içeri alabildiğimiz tüm besleyici Ch'i'yi davet edebiliriz ve kesinlikle buraya giren insanların kendilerini rahat ve huzurlu hissetmelerini isteriz. Kapıların arkasında tam olarak açılmalarını engelleyen bir şeylerin olduğu pek çok ev ve iş yerini ziyaret ettim. Bu engel, Ch'i akışında bir düşüş yarattığı gibi, kapı her açılmaya çalışıldığında kişide bir sıkılma ve kızgınlığa neden olur. Kapılar tam olarak açılabildiklerinde, içeri giren insanlar da hayatlarındaki güzel fırsatlara, kaynaklara ve koşullara da tam olarak açık olacaklardır. Yol, olabilecek olumlu şeyler için açıktır. Aynı zamanda eşiklerde, teller, kordonlar, oyuncaklar ve engel duygusu yaratan nesneler bulunmamalıdır. Bu "bubi tuzakları", Ch'i'yi olumsuz yönde etkiler, güvensizdirler ve ziyaretçileri yatıştırmaktan çok rahatsız ederler.

Eşiklerin amacı, rahat bir ortamdan bir diğerine geçerken size yer göstermektir. Bir kapıdan girerken, yüzünüzün önünde bir duvarla karşılaştığınızda, olasılıkla bunu, konforlu olamayacak kadar çok yakın bulursunuz. Kural olarak, duvar ve kapı arasında en az 2 m kadar olması gerekir ve bu mesafe bile kimi insan için çok yakındır. Aynalar, kapıya hükmeden duvarlar için mükemmel çözümler olabilir. Bir diğer iyi seçenek de, kır manzarası ya da okyanus manzarası olan üç boyutlu resimlerdir.

Bir odaya girildiğinde kısmen görülen duvarlar bile sıkıntı verici olabilir. Gözünüzün önünde, bir yanda size çok yakın olan bir duvar diğer yanda ise odanın geri kalanı uzanmaktadır. Görüntüdeki bu karşıtlığa genellikle hollerde ve yatak odalarında rastlanır ve beyin ve sinir sistemi için fazlasıyla konsantrasyon bozucu olabilir. Bu özelliği de, çok yakın olan bir duvarı dengelediğiniz gibi dengeleyebilirsiniz. Bir ayna (en azından başınızı görebileceğiniz kadar büyük olsun) ya da üç boyutlu bir görüntüye sahip bir resim kullanın.

Çalışma

Evinizde ön kapının arkasına geçişi kısmen engelleyecek bir şey koyun ve sonra da bu kapıdan bir kaç kez girip çıkın. Kapıyı tam olarak açamadığınızda ne hissettiğinizin farkına varmaya çalışın. Şimdi de, yolu tamamen açmak için engeli kaldırın ve bir kaç kez girip çıkın. Farka dikkat edin.

Otomobillerin Eşikleri - Garajlar

Müşterilerimin çoğunun evlerinin bitişiğinde garajları vardır ve garaj evin önünde caddeye doğru çıkıntı yapmaktadır. Böylesi daha uygun gibi gözükse de, böyle bir yerleşim garajın önemini artırmakta ve mekanik sakinine, yani otomobile büyük bir güç vermektedir. Çoğu durumda, evin ön kapısı garajın gerisinde kalmakta ve garaj kapısının büyük "ağzı" tarafından gölgede bırakılmaktadır. Bu da arabanın insanlardan daha önemli olduğu mesajını vermektedir. Otomobil yönetici güç olmaya başlar - çok iyi bir hizmetçinin talihsiz bir efendi olmasının mükemmel bir örneği. Böyle, garajın hakimiyeti altında kalmış evlerde yaşayan insanların, hayatlarında çok fazla stres ve hareket olduğundan, telaş içinde bir olaydan diğerine sürüklendiklerinden ve evlerinde değil de arabalarında yaşadıklarından şikayet etmelerine şaşmamak gerekir.

Bu yapısal sorun, garajın içi tam bir kaos olduğunda daha da artar. Garaja ne kadar sık girip çıktığınız düşünün. En azından evinizin bir başka odasında olduğu kadar orada da gördüğünüz şeyin sizi etkilediğini fark edeceksiniz. Karma karışık, kaotik bir yere girip çıkmak sizin hayatınızı da aynı şekilde etkileyebilir.

İşte, bu potansiyel sorunları yaşamamak için yapabileceğiniz şeyler:

✓ Kendi evinizi yaparken, garajınızı, evinizin arka veya yan tarafına yaptırdığınızdan emin olun. Evle aynı çatının altındaysa, evin tüm şeklini değiştirmeden, ön kapı belirgin hale getirilerek garajın gölgelenmesi en iyisidir.

✓ Evinizin eşiği ya da ön kapısı, sizin toplumla olan ilişkinizi belirlediği için çok önemlidir. Ön kapınız, garajın gerisinde kalıyorsa, onu gerçek anlamda ya da sembolik olarak öne çıkarmak da çok önemlidir. Bunu, doğa resimleriyle, oda ekleyerek, ışıklandırmayla, ağaç ekerek, veranda, avlu, çit veya duvar yaptırarak sağlayabilirsiniz. Her giriş, çevresini ve oraya gidin yolu düzenleyerek ve güzelleştirerek daha göze çarpar hale getirilebilir. Buradaki düşünce, ön girişinizi davetkar ve çekici hale getirerek, dikkati garaj kapısından uzağa çekmek ve tamamıyla giriş kapısının üzerinde yoğunlaştırmaktır.

- ✓ Mümkünse, garaj kapısını sokaktan kolayca görülemeyecek bir şekilde bir perde, resim veya çitle örtün.
- ✓ Garajınızı evinizle aynı renge boyayın ve dikkati ona yönelten düzenlemeler yapmayın.
- ✓ Garajın içini düzenleyin ve enerjisini iyileştirin. Feng Shui'de garaj, diğer her hangi bir oda kadar önemlidir. Onu güzelleştirin! Halı döşeyebilir, düzenleyebilir, güzelleştirebilir ve çeşitli yollarla enerjisini iyileştirebilirsiniz. Müşterilerimden birinin özellikle çekici bir garajı vardı. Evinde bulunan duvardan duvara halılardan birini buraya döşedi, güzel doğa manzaraları olan posterler astı ve bahçecilik malzemelerini koymak için duvar boyunca raflar yaptı. Şimdi, ne zaman garaja girse, yumuşak, sakin, düzenli bir yer tarafından karşılanmaktadır. Garaj kapısından içeri girdiğinde hoş karşılandığını hissetmektedir.
- ✓ Evinize, ön kapı yerine çoğunlukla garajdaki bir iç kapıdan girip çıkıyorsanız, bu girişi de güzelleştirdiğinizden ve enerjisini iyileştirdiğinizden emin olun. Ön kapıdan giren insanlara tattırdığınız deneyimin aynısını kendinize de tattırın. Buranın çamaşır odası, depo ya da arka hol olması hiç fark etmez, küçük bir sanat galerisine , bir stüdyoya ya da sevdiğiniz şeyleri sergilediğiniz bir yere dönüştürülebilir. Önemli olan, harika, iyi aydınlatılmış ve kolaylıkla ulaşılabilen bir yer haline getirilmesidir.

Rahatlama, kendini yenileme ve dinlenme, bir evin üç ana fonksiyonudur. Garaj, bir evin gerçek varolma nedenlerini gün be gün kazıyarak, hareketi kendine çekebilir. Eviniz, barış dolu bir yer olacaksa, garajınız da ait olduğu yere konumlandırılmalıdır.

Sahneyi Düzenlemek - İlk İzlenimler

Bir binaya girerken karışınıza çıkan ilk oda, tüm bir mekan için sahneyi düzenler. Fuayeler, oturma odaları ve lobiler, insanları karşılayan ve başka bir odaya geçmeden önce o çevreye bir göz atma şansı tanıyan klasik kabul salonlarıdır.

İçeri girişte bir mutfak, yemek odası, ofis ya da yatak odası ile karşılaşılıyorsa evin merkezinin bu mekanlar olduğu izlenimine kapılmak mümkündür. Örneğin, mutfaklar ve yemek odaları, akla hemen yiyecek ve yemeği getirir ve misafirler o anda ne kadar aç olduklarını fark edip, yemeğe kalmanın hiç de fena olmayacağını düşünebilirler.

Yakın zaman içinde beraber çalıştığım bir çift, evlerinin önündeki yolun istikametini, ziyaretçileri mutfağa götürecek şekilde değiştirmişlerdi. Onlara, insanlara yemek vermekten hoşlanıp hoşlanmadıklarını sorduğumda, bana, yüzlerinde kocaman bir gülümsemeyle "evet!" cevabını vermişlerdi. Evleri, haftada iki üç kez insanların toplanıp, Allah ne verdiyse yedikleri bir yerdi. Evlerinin girişi, kendilerine mükemmel ve hatta biraz da sıra dışı bir şekilde hizmet etmekteydi.

Bir seferinde de bir türlü, oburluk hastalığıyla (bulimia) başa çıkamayan bir kadınla çalışmıştım. Ön kapısı doğrudan yemek odasına açılıyordu. Yemek masasını ve sandalyeleri mutfağa yerleştirmeyi ve bir zamanlar yemek odası olan odayı büyük bir avluya çevirmeyi başardık. Artık ön kapısı, içeride, hurma ağaçları, çiçekler ve kayaların arasından fışkıran bir fıskiye ile düzenlenmiş bir bahçeye açılıyordu. Yemeği simgeleyen eşyaların görüş alanından çıkması ve onu karşılayan bitkilerin ve fıskiyenin Ch'i'yi iyileştirici özellikleri sayesinde, yeme alışkanlığını düzenlemenin ve dengelemenin ne kadar kolay olduğunu fark etti.

Stüdyo tipi dairelerde, çoğunlukla doğrudan yatak odası ile karşılaşılır. Yatak odaları uykudan, yatağa davet etmeye dek pek çok şeyi akla getirebilir ve en iyisi ön girişten uzakta olmalarıdır. Bu nedenle, yatağın önüne bir paravan koymak ya da katlanabilir bir yatak seçmek iyi bir fikirdir.

Gayet açıktır ki, doğrudan bir ofise girmek akla iş, iş ve gene iş getirir. Bu, sizin tam da istediğiniz şey olabilir; gene de insanlar genellikle bir sonraki göreve gitmeden önce bir mekana girmek ve kendilerini alıştırmak için belli bir zamana ihtiyaç duyarlar. Elinizde bulunan yerin büyüklüğüne bağlı olarak, kapının yanına bir havuzcuk koymak, birinin masasına gitmeden önce oturacak bir yer göstermek ya da çalışma ortamına girmeden önce insanlara soluklanabilecekleri bir lobi oluşturmak gibi pek çok yolla bir hoş geldin "molası" sağlanabilir.

Ön ve Arka - Odaların Konumu

En etken Ch'i, bir binanın ön kısmındaki odalarda bulunur. Bu mekan bir garajsa, o zaman o garaj en etken Ch'i'ye sahip olur. Burası, evin oturma odası ya da bir ofisse, bu durumda en etken Ch'i'ye bu mekanlar sahip olur ve uyumlu bir işlevsellik kazanırlar.

Genellikle evin ön tarafında bir yatak odasının ya da arkada bir stüdyo veya ofisin olması, iyi kabul edilmeyen bir durumdur. Aynı şekilde, bir iş yerindeki en faal kısmı arkaya atmak da Ch'i'nin doğal akışını sekteye uğratacaktır.

Yatak odaları ve ön kapıdan uzakta ve arkada olan bulunan odalar yin alanlar olarak kabul edilirler. Tam anlamıyla rahatlamak, yalnız kalmak, yenilenmek için uygun mekanlardır. Oturma odası, mutfak ve çalışma odaları gibi hareketin bol olduğu odalar, tıpkı evin ön tarafı gibi yang olarak kabul edilirler. Bunlar da beraberce işe yararlar. Yatak odasının evin ön tarafında olması durumunda, buradaki yang Ch'i'nin fazlalığı nedeniyle uykunuz bölünecek ya da negatif etki altında kalacaktır. Bir binanın ön tarafında canlı bir şekilde duyulan his tam anlamıyla enerjik olabileceği gibi, caddenin ve insanların neden oldukları "canlı" seslerin bombardımanı altında da kalabilir. Buna karşılık bir evin, iş yeri ya da kompleksinin arka tarafında bulunan bir ofis ya da oturma odasında kronik bir şekilde insanları burada çalışmaya ya da ağırlamaya teşvik edici, aktif Ch'i'nin eksikliği çekilebilir.

Eğer mümkünse, yatak odasını evin arka tarafına yerleştirin. Tüm ihtişamıyla evin ön tarafında bulunan yatak odalarını bir ofise ya da stüdyoya çevirdiğimiz pek çok evde çalıştım. Bu durumda evin arka tarafındaki bir oda da yatak odasına çevriliyordu. Bu işlem, şaşırtıcı derecede başarılı bir sonuç veriyordu. Yatak odaları en çok, rahat olduklarında işimize yararlar. Yatak odası ne kadar büyükse o oranda yang'dır, bu da genellikle rahat bir uyku uyumayı engeller ve aşk hayatımızı besleyen o samimi duygunun eksikliğine yol açar.

Yatak odasını evin arka tarafına taşımanızın mümkün olmadığı durumlarda da uygulayabileceğiniz pek çok Feng Shui düzenlemesi vardır. Evin ön kısmında bulunan yatak odası gibi yang bir mekanı dengelemek için, koyu, zengin renkler, kumaşlar ve yatay hatlara sahip elemanlar ile yumuşak yastıklar ve loş bir ışıklandırma kullanarak yin etkiyi elde edebilirsiniz (bkz. Yin - Yang listesi). Odada beş elementin de temsil edildiğinden emin olmalısınız.

Bir evin ya da iş yerinin arka tarafında bulunan ofislerde, Feng Shui yin etkiyi yang etkilerle dengeleme yoluna gider. Parlak ışıklar, beyaz, pastel ve canlı renkler ve köşeli hatları olan mobilyalar yang etkiyi artırmak için kullanılan unsurlardan bazılarına örnektir. Bunların yanı sıra, içeri yapılmış güzel bir fıskiye ya da havuzcuk, canlı ritimli bir müzik ve rüzgar çanları, bayrak ya da pankart gibi Ch'i seviyesini artıcı elemanlar, yin ve yang enerjiyi dengeleyerek, Ch'i'yi etken hale getirir ve mekanın içinde akmasını sağlarlar.

Kalıpları Kırmak - Odaların Kullanımı

Evlerimiz ve iş yerlerimizde bulunan odaların her birinin kendilerine özgü işlevleri vardır. Müteahhitler ve mimarlar tarafından oturma odası, yemek odası, yatak odası, başkanın ofisi, depo, v.s... diye adlandırılmışlardır. Gene de bu odalardan biri bizim için yeterince yararlı değilse, işlevi sorgulanmalıdır. Esas yatak odasını ya da oturma odasını bir sanat ya da dans stüdyosu olarak kullanmak daha mı iyi mi olurdu acaba? Misafir odası ya da yemek odası gerçekten de daha gerekli olan bir ofise çevrilemez mi? En büyük ofis gerçekten de tek bir kişiye mi ayrılmalı yoksa en iyisi çalışanlar için bir dinlenme odası olarak mı kullanılmalı? Misafir odaları ofislere, yatak odaları stüdyolara, stüdyolar yatak odalarına, depolar ofislere, konferans salonları dinlenme odalarına, dinlenme odaları yemek odalarına, yemek odaları da dinlenme odalarına dönüştürülebilir. Bir mekanın içindeki Ch'i akışına dikkat ettiğinizde, doğasında varolan etkililiği farkedebilirsiniz. Ch'i, kişinin tatmin olduğu ve kendini rahat hissetiği ortamda en iyi şekilde hareket eder. Evinizdeki odaları ve ofisinizi düzenleme yolunuzu sorgulayın. Daha önceden elinizde olduğunu hiç fark etmediğiniz yerler bulabilirsiniz.

Alıştırma :

Bir an için durun ve kimsenin size evinizi ya da iş yerinizi nasıl döşemeniz gerektiğini söylemediğini farz edin. Bir şeyleri değiştirmek istiyor musunuz? Bir mekan, burada yaşayan ya da çalışan insanın kişisel ihtiyaçlarına cevap verecek şekilde düzenlenmişse, Ch'i artar ve bundan herkes yararlanır.

Yolu İşaret Etmek - Köşeler

Batı mimarisi ve tasarımcılığına köşeler hakim olduğu için, köşelerin kesin varlığı altında yaşamaktayız. Binaların köşeleri kelimenin tam anlamıyla saldırgan olarak kabul edilirler - işaret ettikleri yön neresiyse oraya fazla miktarda Ch'i gönderirler. Mobilyalarımızda çokça gördüğümüz keskin açılı köşeler, cam ağaç, metal ya da taş gibi tipik yapı malzemelerinden üretilmişseler tehlikeli olabilirler. Hepimizin, her tarafı kaplamış mobilyalardan dolayı yaralanmış ya da bir tarafımız kesilmiştir ve dikkatli olmazsak köşeleri bir tarafımıza batabilir. Varlıkları, ana Feng Shui kurallarından birine karşı gelmektedir. *Yaşama alanınızı, her zaman güvenli şeylerle paylaşın!*

Mobilyalar, zıtlıklar ve belirgin köşeler, bir kapıya doğru yönlendirildiklerinde tıpkı birer ok işlevi görürler. İnsanları, daha içeri girme şansı bulamadan dışarı doğru yönlendireceklerdir. Pek çok dükkan, tezgahlarını insanları yanlış yöne, yani İÇERİ yerine DIŞARI yönlendirecek şekilde yerleştirdikleri için müşteri azlığından şikayet etmektedir. Geçenlerde girdiğim bir küçük eşya galerisinde, ön tarafta sergilenen malların tümünün köşelerinin kapıya dönük olduklarını fark ettim. Kapıdan dışarı doğru itilme hissi fazlasıyla dikkat çekiciydi.

Dükkan sahibine işlerin nasıl gittiğini sordum. Pek çok kişinin kapının önünde durup baktığını fakat asla içeri girmediklerini söyledi.

Evlerde olsun, iş yerlerinde olsun insanlar köşelerden olumsuz yönde etkilenirler. Ön girişe bakan mobilyalar ve yapısal köşeler, ziyaretçilerin ya da müşterilerin kendilerini hoşça karşılanmış hissetmelerini sağlayabilirler. Binanın dışına her türde olumlu etkinin gönderilmesine yardımcı olabilirler. Bir ev ya da ofisteki iç kapılara bakan sivri köşeler ise can sıkıcı işaret değnekleri gibi odadan geçen insanları dürtüp, itebilirler.

Bunu engellemek için çeşitli çözümler uygulanabilir :

✓ Mümkünse, keskin açılı köşeleri olmayan tasarım ve mobilyalar seçin. Genel şekil kare ya da dikdörtgen bile olsa, yumuşatılmış köşeler bunları daha güvenli ve dost canlısı yapar.

✓ Mevcut mobilya ve eşyaların keskin açılı köşelerini yok edemiyorsanız onları düz kenarlarını kapıya bakacak şekilde çevirin.

✓ Köşeleri, kumaş ya da bitki gibi elemanlarla örterek ya da gizleyerek yumuşatın.

Alıştırma :

En çok sevdiğniz dükkana bir dahaki gidişinizde, tezgahların nasıl yerleştirildiğine dikkat edin. Ön kapıdan girdiğinizde, köşeler size doğru dönükler mi? Eğer dönükseler, onlara karşı nasıl bir tepki gösteriyorsunuz? İçeri doğru mu çekiliyorsunuz yoksa dışarı itildiğinizi mi hissediyorsunuz? Aynı durumu gitmekten özellikle hoşlanmadığınız bir dükkanda gözlemleyin. Bu iki dükkanın tasarımları ve düzenleme tarzları arasında gördüğünüz farklar nelerdir?

Kutuyu Tekrar Şekillendirmek – Odanın İçindeki Köşeler

Kare planlı bir odadaki köşeler, oda içinde dolaşan Ch'i üzerinde keskin bir baskı yaratmaya eğilimlidirler. Ch'i bir kez bir köşeye itildiğinde, burada kalıp durgunlaşmaya eğilim gösterir. Bu durgunlaşma, kutular, kağıtlar ve spor malzemeleri gibi gerçekte başka yerlere ait şeylerin bir araya toplanmasıyla daha da vahim bir hal alabilir. Köşeler, kolaylıkla bir odanın durgun atık deposu haline gelebilir.

Odalardaki köşelere uygulanabilecek esas Feng Shui çözümü, onları dışa doğru yuvarlaklaştırmak veya içe doğru doldurmaktır. Duvarlar, tavanlar, kapılar ve pencerelerin oluşturduğu köşeleri doldurmak ve dışa doğru yuvarlaklaştırmak için yapı elemanları kullanabilirsiniz. Çeşitli kalıplar ve diğer dekoratif ahşap kaplama tipleri, duvarlar, tavanlar ve dik açılarla birleşen döşemelerin oluşturduğu uç noktaları yumuşatabilir. Ya da köşelere ışık, bitki, sanat eserleri, sepetler, seramik eşyalar ve heykel gibi elemanlar yerleştirerek onları yumuşatabilirsiniz. Bazen bir mobilyayı yanlamasına çevirip köşesini yuvarlaklaştırmak da mükemmel bir çözüm olabilir. Ayrıca, köşelere hoşunuza giden çıngıraklar, kristaller, rüzgar çanları, portatif eşyalar ve her türlü flama/bayrak asmak da mümkündür. Odanın içine doğru çıkıntı yapan yapısal köşeler de göze hoş gelmeyebilir ve üzerlerinde gene aynı şekilde çalışılabilir. Sivri köşeli şekiller, Ch'i dengesini sağlamak için yumuşatılmaya ihtiyaç duyarlar. Böyle çıkıntı yapan bir köşeyi yumuşatmak için yukarıda açıklandığı gibi hoş bir yol seçin.

Çoğumuz için, köşeleri olmayan bir yapının içinde olmak harika, eşsiz bir deneyimdir. Eşim Brian'la birlikte, California, Julian'da, organik mimar James Hubbell tarfından yapılmış Rainbow Hill Inn'de bulunmayı çok severiz. Bu binanın tamamının içinde tek bir köşe bile yoktur. Odaların hepsi de, kerpiçten yapılmış, yumuşakça yuvarlatılmış organik şekillerdedir. Ziyaretimiz boyunca, her ikimiz de derin bir sukünetin, etkisini ikiye katladığı yaratıcılıkla dolu bu binadan çok etkilenmiştik. Binanın tümünün içinde uyumlu bir şekilde kıvrılarak dolaşan Ch'i bizi enerji ile doldurmuş ve rahatlatmıştı.

Çabuk Parlamak ve Nehirler - Merdivenler ve Koridorlar

Özellik açısından sıklıkla uç noktada olan diğer mimari unsurlar da merdivenler ve koridorlardır. Merdivenler, yapının yaşamsal enerjisinin çoğunu başka bir yere akıtan güçlü Ch'i şelaleleri olabilir. Merdivenler ön girişe doğru yönelikse, besleyici Ch'i sıklıkla içeride yaşayanların sağlık ve iyi şanslarını da alarak dışarı doğru boşaltır. Bir merdivenin üst ucunda bulunan odalar, yakında bulunan merdivenlerin gücüyle sürekli olarak çekilirken - bu durumu bir şelalenin üstünde bulunan bölgeye benzetebilirsiniz - merdivenin dibinde bulunan odalar da yukarıdan aşağıya doğru akan güçlü Ch'i ile taşarlar. Feng Shui, insanları uç noktada akan Ch'i'nin tam ortasına değil, dışına koymayı amaçlar. Bu nedenle, merdivenler için yapılan uygulama dengeli ve barış dolu bir akış getirmektir.

Girişlere bakan merdivenler üzerinde çalışıyorsanız, Ch'i'nin kapıdan dışarı akmasını engellemek için elinizden geleni yapmalısınız. Bu, en iyi, kapı ile merdivenler arasına perde, bitkiler, mobilya ya da resim, heykel gibi estetik engeller yerleştirilerek sağlanır. Bunun için yeterli yer yoksa, inen Ch'i'nin yükseltilmesine ve dolaştırılmasına yardımcı olmak için merdivenlere bakan bir ayna asabilirsiniz. Ayrıca, gene kayan Ch'i'yi yakalamak ve dolaşmasını sağlamak için alt basamağın üstüne yuvarlak yüzlü bir kristal asabilirsiniz. Merdivenin aşağı inen konumunu izleyecek şekilde bir resim asarak şelale şeklini daha da vurgulamadığınızdan emin olun. Resimleri, aynı yükseklikte, Ch'i'nin izleyeceği yolu belirlemesi için güçlü yatay bir çizgi oluşturacak şekilde asarak Ch'i enerjisini yüksek tutun. Ayrıca, hareketi aşağıdan yukarı doğru yönlendiren, uçuşan kuşlar gibi hafif ve neşeli bir konusu olan veya yatay ya da dikey çizgilere sahip soyut bir eser seçin. Bazı durumlarda, merdivenlere konmuş bir ayna da, eğer doğrudan doğruya bir başka aynanın karşısına asılmamışsa bu iş için uygundur.

Bu Feng Shui düzenlemeleri, herhangi bir mekandaki aşağı doğru akan Ch'i'yi dengelemek için kullanılabilir. Feng Shui gözlerinizi ve Feng Shui kulaklarınız kullanmayı unutmayın. Bırakın mekan size en iyi çözümü "söylesin".

Merdivenler gibi, holler ve koridorlar da, Ch'i'yi konforlu olamayacak kadar hızlı yönlendirebilirler. Uzun holler insanların hızlı hareket etmelerine, çoğunlukla normal adımlarla gitmektense çok hızlı yürümelerine ya da koşmalarına neden olur. Çoğu insan için bir holün ortasında durup konuşmak çok zordur. Sık sık, hollerde durmayı, güçlü akıntısıyla beni sürüklemeye çalışan bir nehirde yarı belime dek girip, durmaya çalışmaya benzetmişimdir. Geniş bir holü bölmek için bir seri oda ya da niş etkisi veren ve Ch'i'nin hızını yavaşlatan resim, heykel, ayna, ışık, mobilya ve halı ile çeşitli düzenlemeler yapabilirsiniz. Kıvrılarak geden bir yol etkisi vermek için, koridor boyunca bazı noktalara bitki, mobilya, resim, heykel koyun. Bu, Ch'i'nin hızını yavaşlatacak ve insanlara soluklanma fırsatı verecektir.

Uzun bir koridorun sonuna ayna koymak genellikle pek uygun değildir, çünkü zaten yeterince uzun olan bir yerin uzunluğunu iki katına çıkarır. Gene de, hole açılan kapıların karşısına aynalar yerleştirmek oldukça yararlı olabilir. Varlıkları, holün görünümünü genişletir ve hol kapılarını kullanan insanların Ch'i'sini düzenler.

Gök ve Yer Arasındaki Çizgi - Tavanlar

Çoğumuz, tavan yüksekliği 3 - 3,30 m olan odalarda kendimizi rahat hissederiz. Tavanın daha yüksek olması durumunda kendimiz rahatsız, küçük ya da kaybolmuş hissedebiliriz. Bu özellik fazlaca yang'dır yani insanların başlarının üzerindeki mesafe kendilerini rahat hissetmeleri için fazladır. Oturma odasının tavan yüksekliği 3,5 m.'nin üzerinde olduğu pek çok evde, orada yaşayanların düşündüklerinin aksine kimsenin bu odayı kullanmadığını gördüm. İnsanlar çoğunlukla, tavan yüksekliği 3 m.'yi geçmeyen mutfakta ya da dinlenme odasında toplanmayı tercih ediyordu. İnsanlar, yüksek tavanlı odaların görüntüsünden hoşlansalar bile oralarda oyalanmak istemezler. Bunun nedenini tam olarak bilemezler fakat, orasının bulunmak isteyecekleri bir yer olmadığını hissederler.

Tavanın aşırı derecede yüksek olmasını dengelemenin bir yolu da "Gök ve Yer Arasında Bir Çizgi" yaratmaktır. Yin bir etki olarak, bu yatay çizgi tavanın dikey yüksekliğini bölercesine odayı sınırlar ve sağlam bir temele oturtur. Bu çizgiyi, tabanın 1,80 m ila 3,30 m. arasında bulunan herhangi bir yüksekliğe, yatay bir sınır yaparak çizin. Bu sınır, kapıların, pencerelerin, resimlerin ya da kitaplıkların üst çizgisini devam ettirebilir (Çizim 1a). Bunu yapmak için karton piyerler, duvar kağıtları kullanılabilir ya da sadece resimler duvar boyunca hep aynı yükseklikte asılarak aynı etki verilebilir.

Tavanın yüksekliğine ve boyutuna bağlı olarak, bu çizginin üzerindeki "gök-sel" boşluk hafif bir lamba, flama, bayrak ya da üzerinde desenler olan her han-gi türde bir kumaş asmak için iyi bir yer olabilir. California, Encinitas'lı bir sa-natçı olan Geri Scalone, üzerine kolaj kumaşlar astığı bir "trapez" tasarımı yap-mıştı, trapezi alçaltarak bu kumaş kolajları kolaylıkla değiştirebiliyordu, üzerine yeni kombinasyonlar asılabiliyor ve tekrar yukarı çekilebiliyordu.

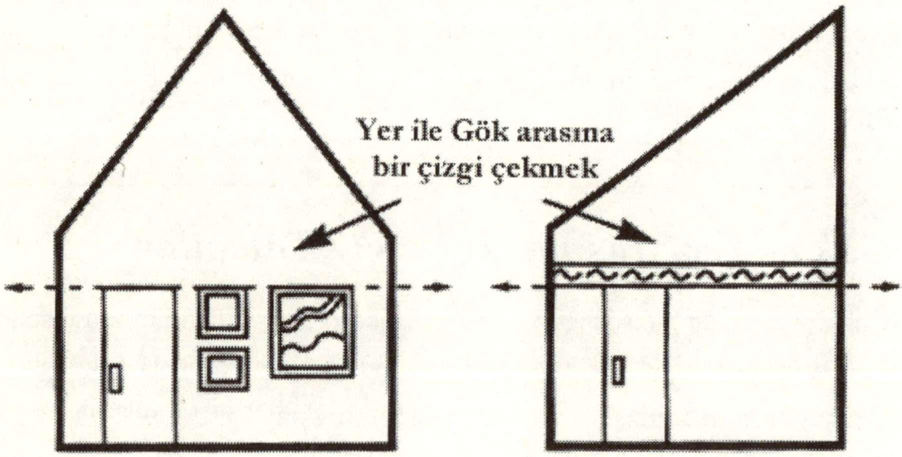

Çizim 1a *Çizim 1b*

Bu sanat eserleri, göze hoş gelen ve ruhu etkileyen bir şekilde Cenne-ti/Göğü tanımlamaktadır. Yukarıda "cenneti" temsil eden bir süslemenin ek-lenmesi ve rahat bir tavan yüksekliği kavramı, genellikle insanların yüksek ta-vanlı bir odaya hayran olmaları ve kendilerini evlerinde hissetmeleri için de gereklidir.

Odanın bir bölümünde tavanın yüksek olması, diğer bölümünde daha alçak bir seviyeye inmesi de rahatsız edici olabilir. Gök ve yer arasında bir çizgi çek-me tekniğini burada da kullanabilirsiniz (bkz. Çizim 1b). Gene, görsel olarak mimariye bağlı bir biçimde yatay bir hat belirleyin ve bu hattı odanın tamamında izleyin. Daha alçak olan duvar, sıkışmış Ch'i'yi yükseltmek için konulacak bir ayna için çok iyi bir yerdir, büyük boyutlu mobilyalar ise idealde, Ch'i'nin sabitlenmesini sağlamak için odanın daha yüksek bölümüne yerleştirilmelidir. Aydınlatma ve bitkiler yoluyla da Ch'i dengelenebilir, ayna ve Gök ve Yer Çizgisi ile birlikte kullanılabilirler.

Basık, düz tavanlar ise Ch'i'yi aşağı doğru sıkıştırırlar. Basık tavanlar, fazlasıyla yin kabul edilirler ve bu nedenle de ışıklar, aynalar, bitkiler ve parlak, canlı renklerin yang etkileri ile Ch'i'nin artırılması ve yayılması gerekir. Tavana dönük olarak ışık veren bir lamba ekleyin, dik, yukarı doğru giden bir çizgi görüntüsü elde edersiniz. Bu şekilde dikey hatları olan döşemeler seçin. Burada amaç, alçak tavanın yin etkisini dengelemek için içeriye yang nesneler koymaktır.

Ch'i Kanalları - Kirişler

Büyük kirişler, Batı mimarisinde çok kullanılan bir özelliktir ve çoğunlukla odaya bir karakter kattığı düşünülür. Ancak insanların başlarının üzerinde sıkıntı verici bir ağırlık hissi yaratır. Kirişler, binanın yapısal bir parçası olarak çok büyük ağırlıkları taşırlar ve tıpkı koridorlar gibi onlar da güçlü Ch'i akımlarını aktarabilirler. Ne kadar büyük, koyu ve alçak olurlarsa, Feng Shui açısından da o kadar dengelenmeyi gerektirirler.

Kirişleri dengelemek için yapabilecek şeylerden bir kaçını sayabiliriz :

✓ İki tahta parçasını (geleneksel olarak bu parçalar bambudandırlar) birbirlerine köşeli açı yapacak şekilde yerleştirerek sembolik olarak güç hattını kırın (bkz. çizim 2a). Bu, kiriş boyunca akan Ch'i'yi dağıtır ve Ch'i'yi aşağıda ve odanın içinde dolaştıran bir sekizgen ya da dairenin başlamasını sağlar.

✓ Kirişi, beyaz, bej ya da açık pastel tonlarda sade bir renge boyayınız. Bu, onun görsel varlığını yumuşatacaktır.

✓ Kumaş, kurdela, bayrak, lamba, sanat eserleri asarak kirişte dengeyi sağlayın (bkz. Çizim 2b). Bu, kirişlerin hatlarını yumuşatıp, dışa doğru yuvarlaklaştıracak ve diğer elementleri temsil eden renk ve parçaları ekleyecektir. Bir kirişi bu şekilde ele alırken sadece ağırlığı fazla olmayan parçalar kullanın ki onların altındayken kimse kendini tehdit edilmiş hissetmesin.

✓ Kirişlerin çoğunun ahşaptan yapıldığını unutmayın, yani enerjisini güçlendireceğiniz ilk element olan metali temsil eden açık renkler ve yuvarlak formlu şekiller kullanacağınız ilk elemanlardır.

Çizim 2a

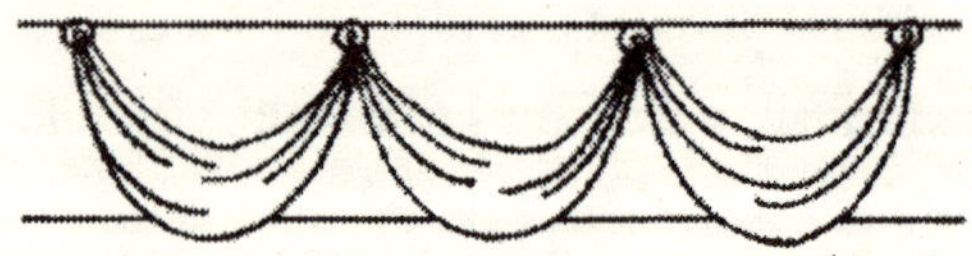

Çizim 2b

20. *Yüzyıl'daki Yoldaşlarımız – Elektrikli Aletler*

Ch'i, elektrikli aletler tarafından da harekete geçirilir. Televizyon, bilgisayar, müzik setleri, mikrodalga fırınlar, yakınlarında yaşayan ya da çalışan kişilerin dikkatini çekecek kadar çok fiziksel ve enerjik bir varlığa sahip olabilirler. Elektrikle çalışan aletlerin "ısrarcı" olduklarını ve dikkatlerini çekene dek sahiplerine ya da kullanıcılarına gözlerini dikerek baktıklarını söyleyenler bile vardır. Genellikle bu durum, bir ofis ortamı için mükemmeldir. Herkesin Ch'i'si çevrelerinde bulunan elektrikli aletlerce faal hale getirilir. Ama, bu aletler, yoğun bir iş günü sonrasında evlerinde biraz huzur ve sessizlik arayarak içsel olarak dengelenmeye ihtiyaç duyan insanları aktif halde tutmaya devam edebilir. Pek çok anne baba, TV ve bilgisayarlar yüzünden çocuklarıyla yaptıkları tartışmaları gayet iyi hatırlar. Bu aletler, sürekli olarak çocuklarını kendileriyle oynamaya çağırmaktadırlar.

En iyi ve en kolay çözümlerden biri kullanılmadıkları zamanlarda bu aletleri saklamaktır. Gözlerden uzak bir dolabın içine koyabilir ya da üzerlerine güzel bir örtü örtebilirsiniz. İnsanlar, sadece TV'yi örterek ya da stereo teybinizi kapalı bir bölmeye koyarak, odanın ne kadar huzur dolu ve sakin bir hal kazandığını gördüklerinde şaşırmaktadırlar. Bu durum, özellikle size gözlerini dikerek bakan ve dinlenmenizi engelleyen bir televizyonun ya da bilgisayar ekranının bulunduğu bir yatak odasında önem kazanır.

Elektrikli aletler ve otomobiller, aynı çevrelerine hükmetme eğilimine sahiptirler. Dışarıda, göz önünde olduklarında kullanıcıları üzerinde güçlü ısrarcı bir etkileri vardır. Evde, kullanılmadıkları zamanlarda gözden uzak bir yere yerleştirilirse daha iyi hizmetçi ve eğlendirici olurlar. Bunun aksine, ofis içinde göze çarpan bir yerde bulunmaları içerideki her şeyi sürekli hareketli ve aktif tutar.

Elektrikli aletler dışında, elektro manyetik radyasyon (EMR) hakkında da ciddi bir endişe vardır. Tüm elektrikli aletler bir miktar EMR yayarlar. Genelde bu miktar fazla olmasa da bilgisayar ve mikro dalgalı fırın gibi aletler bize zarar vermeye yetecek kadar EMR yayabilirler. Evimizde bulunan elektrikli aletlerin EMR'sini ölçtüğümde, faks cihazının, TV'nin ve mikrodalgalı fırının diğerlerinden daha fazla EMR yaydığını gördüm. Güvenlik açısından, kullanıldıkları sırada onlardan en az 1,80 - 1,90 m. mesafede durmamız gerekir. İdealde tüm elektrikli aletlerimizin bir EMR ölçücü ile kontrol edilmeleri gerekir.

Alıştırma :

Evinizde, TV ya da bilgisayar gibi elektrikli cihazların olduğu bir oda seçin. Oturun ve bir an için ona bakın, sonra bu cihazı güzel bir örtü ile gizleyin. Odanın içindeki Ch'i'de bir değişiklik olup olmadığına dikkat edin.

Tekrar

Evimizle ve iş yerimizle ilgili olarak Feng Shui'nin pek çok durumundan bahsettik. Kısaca gözden geçirmek istersek :

- ✓ Evlerimiz ve iş yerlerimiz canlıdırlar, hayatımızın geri kalanıyla tam anlamıyla bağlantılıdırlar ve her an değişime uğrarlar.
- ✓ Bulunduğumuz mekanı beğenirken ve düzenlerken yaptığımız seçimlerimiz rahatlık ve güvenlik üzerinde yoğunlaşır ve çevremizi hoşlandığı-

mız şeylerle donatırsak, yaşamsal Ch'i'nin dolaşımını da artırırız. Bu yaklaşım kendi kişisel cennetimizi yaratmamıza imkan tanır.

✓ Bulunduğumuz mekanı beğenirken ve düzenlerken yaptığımız seçimler yin ve yang özelliklerin ve beş elementin dengelenmesini sağlayabilir ki bu da yaşamsal Ch'i'nin dolaşmasını artırır.

✓ Yaşadığımız mekandaki nesneleri yerleştirirken yaptığımız seçimler, insanları ve yaşamsal Ch'i'yi içeri davet edebildiği gibi dışarıya doğru da itebilir.

Güç Noktalarınızı Yerleştirmek – Masalar, Yataklar ve Diğer Mobilyalar

Eşyalarınız üzerinde izleyeceğiniz çalışmanın ana hatları da mekanınız için izleyeceğinizle aynıdır.

✓ Eşyalarınız canlıdır, hayatınızın geri kalan bölümüyle yakından ilişkilidirler ve herhangi bir zamanda yerlerinden oynatılmaya müsaittirler.

✓ Eşyanızı seçerken ve yerleştirirken yaptığınız seçimlerinizde rahatlık ve güvenlik düşüncesi ön planda olursa ve çevrenizi hoşlandığınız parçalarla donatırsanız, yaşamsal Ch'i'nin dolaşımı da artacaktır. Bu yaklaşım kişisel cennetinizin yaratılmasını sağlayacaktır.

✓ Eşyanızı seçerken ve yerleştirirken yaptığımız seçimler yin ve yang özelliklerin ve beş elementin dengelenmesini sağlayabilir ki bu da mekan içindeki yaşamsal Ch'i'nin akışını artırır.

✓ Eşyalarınızı yerleştirirken yaptığınız seçimler, insanları ve yaşamsal Ch'i'yi içeri davet edebildiği gibi dışarıya doğru da itebilir.

Eşyalarınız önemlidir. Günün her anı çevrenizdedirler ve sizi her şekilde desteklerler. Hiç eşyanız olmadan yaşadığınızı düşünün, ne kadar önemli olduklarını anlarsınız. Onları ya kullanıyorsunuzdur ya da bakıyorsunuzdur. Evinizdeki veya ofisinizdeki her eşya parçası bir cevap bekleyen farklı bir varlığa sahiptirler. Ondan ister hoşlanın, ister hoşlanmayın. İdeal olan evinizde ya da iş yerinizde bulunan her eşya parçasından hoşlanmanızdır. Eğer böyle değilse, yakın bir gelecek içinde hoşlanmadığınız mobilyaları hoşlandıklarınızla değiştirmenin planlarını yapmaya koyulun. Bu, karşınıza sizin için harika bir parça çıkana dek beklemeniz anlamına gelebilir. Ya da, onu bulmak için beklemek yerine en kısa sürede bulmaya öncelik tanıyın. Feng Shui prensiplerini aklınızda tutarak çevrenizi her zaman hoşunuza gidecek, sizi kucaklayacak ve destekleyecek eşyalarla donatmanızın ne kadar can alıcı bir nokta olduğunu görebilirsiniz.

Eşyalarınızı yerleştirirken konforlu ve güvenli bir ortam yaratmak aynı zamanda her odanın içindeki "güç noktalarını" bulmayla da bağlantılıdır. Bu, özellikle masa ya da yatak gibi uzun bir zaman boyunca kullandığınız mobilyaları yerleştirirken uygulanmalıdır.

Odaya açılan kapıyı görebiliyorsanız o odanın güç noktasında olduğunuzu bilmelisiniz. Odada birden fazla kapı varsa, o güç noktasından tüm kapıları ya da en azından asıl kapıyı görebilmeniz gerekir. Kapıyı görmeden rahatça oturabilecek veya yatabilecek pek az insan vardır. Bu, göz ardı edildiğinde, insanın sinir sitemini bozabilecek ve onu uçurumun kenarına dek getirebilecek içgüdüsel bir tavırdır.

Çoğumuz uykuda geçirmediğimiz zamanın büyük bir kısmını bir masa başında geçirmekteyiz. Burası bizim güç noktamızdır; çalıştığımız, insanlarla görüştüğümüz, telefon görüşmeleri yaptığımız, yazı yazdığımız ve genel olarak iş hayatımızı sürdürdüğümüz yerdir. İdealde, çalışma masaları, odanın kapıyı görebilen bir güç noktasına yerleştirilmelidirler. Çalışma masanız odaya ve sırtınız da kapıya dönükse uygulanabilecek iki çözüm vardır :

- ✓ Çalışma masanızı kapıyı görebilecek şekilde yerleştirin.
- ✓ Çalışma masanızın üzerine veya arkasına kapıyı görebildiğiniz bir ayna yerleştirin. Aynalar aynı zamanda masanızı kapıyı görecek şekilde çevirdiğinizde kaybedebileceğiniz görüntüyü yansıtmak için de kullanılabilir.

Müşterilerimden biri, çalışma masasını sırtını kapıya dönecek şekilde yerleştirmişti, yüzü ise bir kanyondan ve ileride de okyanustan oluşan harika bir manzaraya dönüktü. Bir roman yazmaktaydı ve yaratıcı düşüncelerinin içine gömülmüştü. Her gece, aynı saatte, karısı ve oğlu ona iyi geceler demeye geliyorlardı ve yazar, her gece, arkasında birisinin olduğunu anladığı anda korkuyla yerinden sıçrıyordu. Sonunda her gece kendisini korkutan karısına kızmaya başladı. Eşinin bu davranışı onu korkudan yerinden sıçrattığı için çok can sıkıcıydı ve bu yüzden de ona öfkelenmeye başlamıştı. Onun buna alıştığını düşünmeyin. Eşi, içeri girerken önce onun ismini söylüyor, ellerini çırpıyor ya da "ya hu!" gibi sesler çıkarıyordu, fakat adam gene de korkudan zıplıyordu. Buna karşın, masasının konumunu değiştirmek istemedi çünkü manzara ona ilham vermekteydi.

Çözümümüz, çalışma masasının üzerine, tıraş aynası da dedikleri küçük bir ayna yerleştirmekti ve adam bir daha korkudan yerinde sıçramadı. Karısı ve oğlunun kapıdan içeri girdiklerini görebilmekte ve kendini iyi hissetmekteydi.

Bir iş yerinde, şirketin başkanından, lobideki resepsiyoniste kadar herkesin hayatı çalışma masalarının çevresinde döner. Pek çok ofiste, sıkışık çalışma alanları, alçak tavanlar, flüoresanla aydınlatma gibi unsurların da dahil olduğu Ch'i'yi tüketen şartlardan şikayet edilse de, çalışanlar için, çalışma masalarının üzerindeki ve çevresindeki Ch'i'nin dengelenmesi ve artırılması çok daha hayati bir noktadır.

Öncelikle ve en önemlisi, çalışma masaları doğrudan kapıya bakmalı veya bir ayna vasıtasıyla kapıyı görmelidir. Bu, yapabileceğiniz en kolay ve en güçlü düzenlemelerden biridir. Bilgisayar ya da diğer elektrikle çalışan aletlerin tellerini kamufle etmek için bitki, perde, ya da paravanlar kullanın. Çalışma masanızın üzerine sevdiğiniz ve gün boyunca Ch'i'nizi besleyecek eşyalar koyarak bu alanı kişiselleştirin. Temel Feng Shui Araçları ve Mobilyanızın Bagua Haritasını Çıkarmak başlıklı bölümlere göz atabilirsiniz. Çalışma masanızı temel alarak enerji dolu, canlandırıcı bir Ch'i döngüsü yaratmanın zevkini çıkarın.

Alıştırma :

Çalışma masanızı yerleştirmek istediğinizde, odanın içinde kapıyı görebilecek birden çok nokta olduğunu fark ediyorsanız, öncelikle sandalyenizi bu noktalardan birine koyun. İskemlenizi, çalışma masanızın tam da durmasını istediğiniz şekilde yerleştirin, burada bir kaç dakika sessizce oturun ve burada bulunduğunuz sırada hissettiklerinizin farkına varmaya çalışın. Çoğunlukla, doğru yer olduğu hemen hissedilen bir yer vardır, işte burası sizin güç noktanızdır.

Doğru yerleştirildiğinde iyi bir gece uykusu ve güvenlik ve konfor duygusu veren bir başka mobilya da yataktır. Bu önemli bir noktadır, çünkü hayatımızın üçte birini yatakta geçirmekteyiz ve bu süre en korunmasız olduğumuz zamandır.

Yatakların yerleştirilmeleri iki nedenden dolayı çalışma masalarına oranla daha zordur. Birincisi, aynalar gerçekte yatak odalarına ait eşyalar değillerdir. Dinlenme ve rahatlama amacıyla kullanılan bir odanın içindeki Ch'i'yi hareket geçirirler ve yarı uykulu bir insanı ürkütebilecek bir hareketi yansıtırlar. İster inanın, ister inanmayın, yatak odasındaki aynalı dolaplar, yarardan çok Feng Shui problemi getirirler. Pratik olan, yatak odasında, ya yataktan olabildiğince uzağa asılmış bir aynanın olması ya da odanın içinde hiç ayna olmamasıdır. Yatak odası, güvenli, dinlendirici bir yuva olmalıdır, özenle hazırlanmış bir giyinme odası değil.

Yatağın yerleştirirken çıkabilecek sorunlardan biri de yatağın yeridir. Kısa süre önce çağrıldığım bir evde oturan aile, buraya bir ay önce taşınmıştı ve küçük oğulları o zamandan beri iyi bir akşam uykusu çekemiyordu. Gece boyunca odanın ışığını açık tutmakta ısrar etmekteydi çünkü oda tüylerini diken diken ediyordu. Odanın içinde aynalı gömme dolaplar vardı ve fazlasıyla büyük oldukları için yatağı bu dolaplardan uzağa koymak mümkün değildi. Aynalı kapıları normal kapılarla değiştirmek ya da bu aynaları gün boyunca açık duran ve akşamları örtülen perdelerle kapatma seçenekleri üzerinde tartıştık. Çocuğun annesi kağıt parçaları yapıştırarak aynaları geçici olarak örtmeye karar verdi. Oğlu, hemen kendini daha iyi hissetmeye başladı ve tüm gece tek bir lamba bile yakmadan horul horul uyudu.

Yatağı yerleştirirken çıkabilecek sorunlardan biri de yatağın ne şekilde uzandığını ve bu yatakta uyuyan kişinin kendini dinlenmiş ve canlanmış hissedip hissetmediğidir. Kişi, kendisini manastıra kapanmış ve inzivada gibi hissetmeli, aynı zamanda kapıyı da görebilmelidir. Bu nedenle, yatakta yatan kişi kapıyı görebilse bile, yatağı doğrudan kapı yolu üzerine koymak ideal değildir. İdeal olan yatağı kapının bir yanında, Ch'i akışının direk etkisinin dışında kalan fakat gene de kapının görülebildiği bir yere yerleştirmektir.

Koltuklar, kanepeler ve yemek odası masaları ve iskemleleri kapıyı olabildiğince görebilecek şekilde yerleştirebilirler. Eşyaların baktıkları yerin kapıdan uzakta olmaları gerekiyorsa bir ayna asarak kapının yansımasının görülmesini sağlayın. Unutmayın ki, insanlar çevrelerini kontrol altında tutabildiklerinde ve odanın içinde ne olup bittiğini görebildiklerinde kendilerini daha rahat hissederler.

Alıştırma :

Misafirleriniz geldiğinde onların sevdikleri yerlere oturmalarına izin verin ve nereye oturduklarına dikkat edin. Genellikle, öncelikle kapıya bakan yerleri tercih edeceklerdir.

Evini seçerken

Toprağa nasıl bağlı kalacağını bil.

Zihnini eğitirken

gizli kalmış derinliklere nasıl dalacağını bil.

Diğer insanlarla iş yaparken

nasıl nazik ve iyi olunacağını bil.

Konuşurken

sözünü nasıl tutacağını bil.

Yönetirken

Emrini nasıl uygulatacağını bil.

İş görürken

Nasıl etkili olunacağını bil.

Bir eylemde bulunurken

Doğru zamanı nasıl seçeceğini bil.

- Lao Tzu

1. *I Ching ve Feng Shui'nin Bagua Haritası*

Bagua Haritası'nın kökeni (bir sonraki sayfaya bakın), eski bir Çin kehanet kitabı olan I Ching'e ya da Değişimler Kitabı'na dayanır. Bagua kelimesi, I Ching'de "trigramlar" diye adlandırılan sekiz temel yapı taşını niteler. Bu sekiz trigram, yaşamdaki sağlık, refah ve aşk gibi bir takım özel "hazinelerle" ilişkilidir. Feng Shui uygulanırken Bagua, evlerin ve iş yerlerinin ayrıntılı bir şekilde planlaması için kullanılır ve binanın her bölümünü belirgin ve anlamlı kılarak çeşitli hazinelere denk düşen bölgelerin yerini bildirir. Feng Shui'ye göre, bir yerde yaşayan kişilerin iyi şansı, evlerinin ya da iş yerlerinin Bagua planı çıkarıldığında ve düzenlendiğinde belirgin bir şekilde artmaktadır.

Bagua haritası ile çalışarak edindiğim deneyimler sonucunda, bu yöntemin hayatınızda pozitif değişiklikler ve sonuçlar yaratmanın en güçlü yollarından biri olduğunu gördüm. Evler, iş yerleri, kamuya açık yerler, bahçeler, odalar ve hatta eşyalar bu etkili aletin kullanımıyla planlanabilir. Olağanüstü ve sihirli gibi görünen sonuçlarına tanık oldum.

Bagua'nın elde ettiği başarılı sonuçlar iki gücün birleştirilmesiyle elde edilir.

Bunlardan birincisi, I Ching'in sağladığı ve tüm zaman dönemlerinde geçerli olan bilgeliktir. İkincisi ise kullanan kişinin, hayatında pozitif bir değişime yol açmak için ciddi anlamda niyetli olmasıdır. Son altı sene içinde, yaşamlarında pozitif değişikliklerin olmasını isteyen kişilerin, eşyaları Bagua ile ilişkilendirilmiş belirli yerlere yerleştirmeleri sayesinde Ch'i'nin istenen sonucu alacak şekilde düzenlenmesinin ve hızlanmasının örneklerine defalarca şahit oldum. Tıpkı bedenimize uyguladığımız pek çok tedavi gibi, doğru Bagua "ilacı" uygulandığında da, kişinin istek ve amaçlarıyla doğrudan bağlantılı olarak 30 günden daha kısa bir süre içinde pozitif bir değişiklik meydana gelmektedir. Hiç bir değişiklik olmuyorsa, kişi Feng Shui gözlerini kullanarak Bagua haritasına ve gerçek niyetlerine bir kez daha göz atmalıdır ve üzerinde çalıştığı özel bölge için seçilen Bagua düzenlemelerini yapmalıdır. Tıpkı bir meditasyon ya da tedavi gibi ciddiye alınması durumunda, pozitif sonuçlar kaçınılmazdır.

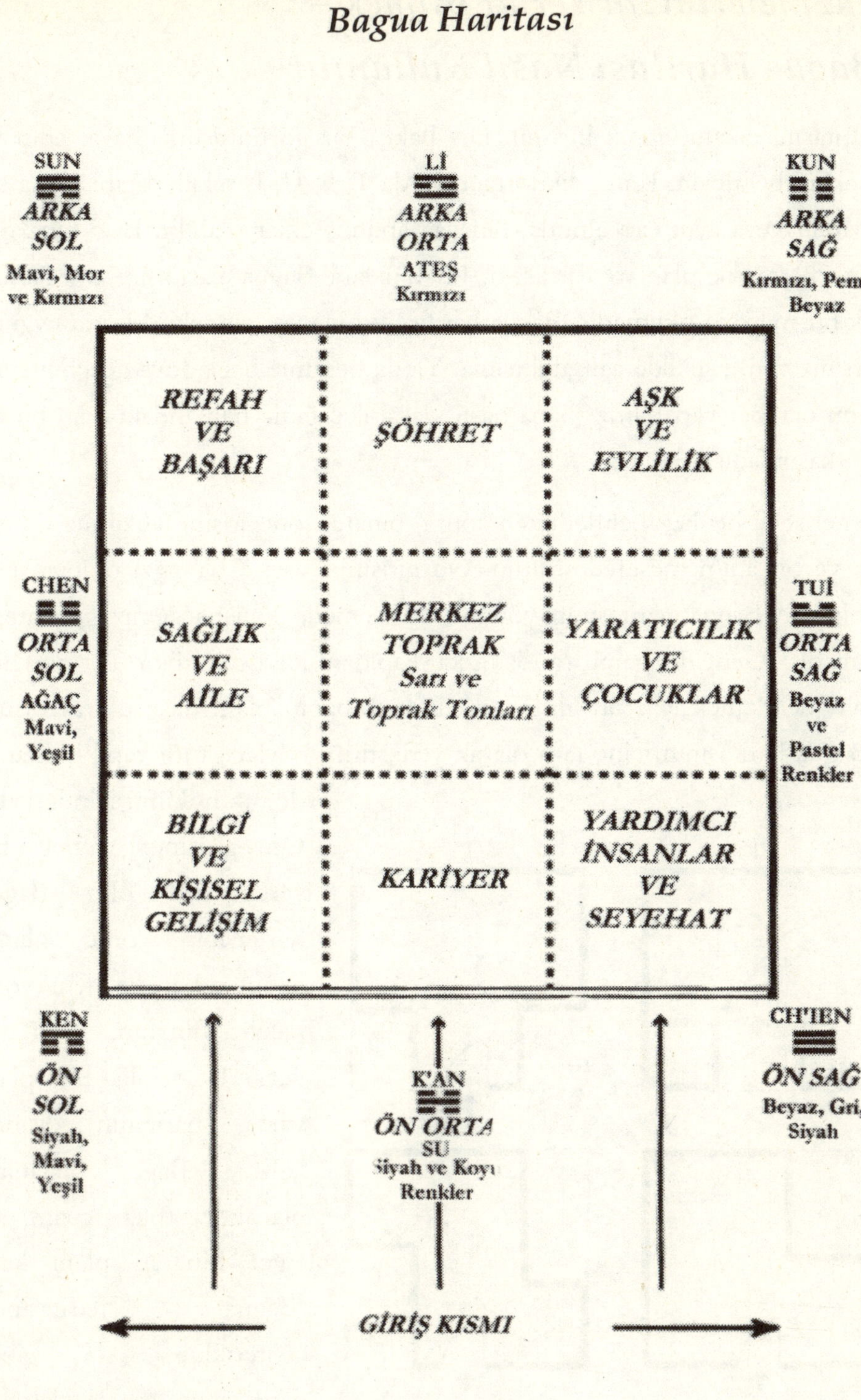
Bagua Haritası
SUN
ARKA SOL
Mavi, Mor ve Kırmızı
Lİ
ARKA ORTA
ATEŞ
Kırmızı
KUN
ARKA SAĞ
Kırmızı, Pembe, Beyaz
REFAH VE BAŞARI
ŞÖHRET
AŞK VE EVLİLİK
CHEN
ORTA SOL
AĞAÇ
Mavi, Yeşil
SAĞLIK VE AİLE
MERKEZ TOPRAK
Sarı ve Toprak Tonları
YARATICILIK VE ÇOCUKLAR
TUİ
ORTA SAĞ
Beyaz ve Pastel Renkler
BİLGİ VE KİŞİSEL GELİŞİM
KARİYER
YARDIMCI İNSANLAR VE SEYEHAT
KEN
ÖN SOL
Siyah, Mavi, Yeşil
K'AN
ÖN ORTA
SU
Siyah ve Koyu Renkler
CH'IEN
ÖN SAĞ
Beyaz, Gri, Siyah
GİRİŞ KISMI

Hazinelerinizin Yerini Bilmek – Bagua Haritası Nasıl Kullanılır

Haritasını çıkaracağınız binanın kuş bakışı bir görüntüsünü hayal edin ve tüm şeklini belirleyin. Kare, dikdörtgen ya da T, S, U, L şekilleri gibi plana sahip olabilir veya aynı çatı altında, binaya yapılmış ekler olabilir. Bazı binaların öylesine karmaşık planları vardır ki, bu binalara Bagua haritasını uygulamak gerçek bir meydan okumadır. Bagua haritasını binanın içindeki odalara uygulayabilirsiniz ve bu şekilde çalışabilirsiniz. Ya da benimle bağlantıya geçebilirsiniz ve bunu beraber yapabiliriz (bana nasıl ulaşabileceğiniz hakkındaki bilgi bu kitabın arkasındadır).

Genel şekli bir kez belirledikten sonra, binanın ön girişine yüzünüz dönük olarak ve bir adım mesafede durun. Ön girişiniz, esas Ch'i' ağzı olduğu için, tüm binanın Bagua haritasının yönünü belirlemede kullanacağınız stratejik noktanızdır. Genelde garaj ya da arka kapıdan içeriye giriyor olsanız bile Bagua'yı belirlemek için ön giriş esas alınır. Binanın planı nasıl olursa olsun, onu Bagua haritasının içine tam olarak yerleştirin, böylece tüm yapı, haritanın dokuz bölümü içinde kalır. Ön girişiniz içerlek bir yerde bile olsa, Bagua haritasının önü olarak kabul edilir ve aynı yöne bakar. Binanın, L, T, S, veya U şekilli bir planı varsa, haritanın dışında kalan Bagua alanları olacaktır. (bkz. çizim 3). Eğer binanın planı kare (Bagua haritasında gösterildiği gibi), dikdörtgen ya da dairesel ise tam bir plan olarak

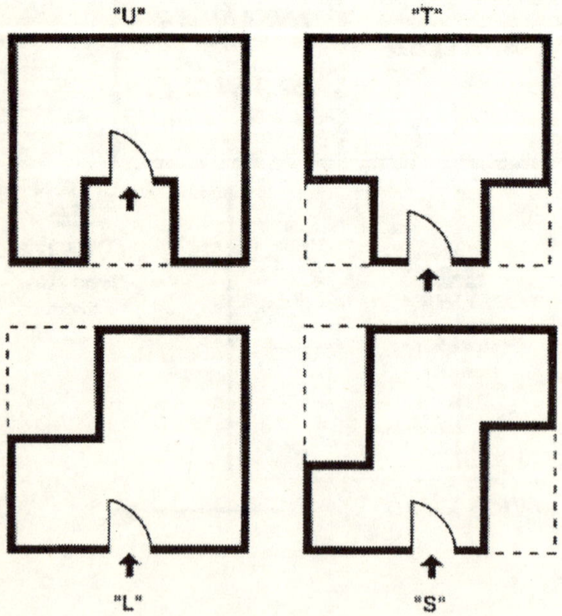

kabul edilir ve Bagua haritası bu planların tam olarak oturması için uzatılır. Cumba ya da yangın çıkışları gibi küçük yapısal çıkıntılar bulundukları yerin Bagua alanını güzelleştirici etkenler olabilirler. Çoğunlukla, yapıdaki çıkıntılar üzerinde de kayıp alanlarda olduğu gibi çalışılması gerekir. Bagua haritasında da görüldüğü gibi, ön girişiniz binanın ön cephesinin sol tarafındaysa, Bilgi ve Kişisel Gelişim bölgesinde bulunuyor demektir. Ön giriş, binanın ön cephesinin ortasındaysa, sizin Kariyer alanınızdadır, eğer sağ taraftaysa Yardımcı İnsanlar ve Seyahat alanında bulunuyor demektir.

Ön girişinizin hangi Bagua alanında bulunduğunu belirledikten sonra, geri kalan bölgeleri de rahatlıkla belirleyebilirsiniz. Örneğin, ön girişinizi Refah ve Mutluluk bölgesi için stratejik noktanız olarak kullanın ve binanın arka sol bölgesini belirleyin. Eğer bina birden çok kata sahipse, Refah ve Mutluluk bölgesi bu katların her birinde aynı yerde olacaktır. Örneğin, eğer yemek odanız evinizin arka sol tarafındaysa ve tam üzerinde de yatak odası varsa, bu yatak odası da evinizin Refah ve Mutluluk bölgesinde bulunacaktır.

Şimdi, binanın arka sağ kısmını belirleyin. Bu bölge Aşk ve Evlilik ile ilişkilidir. Bagua haritasına bakarsanız, Refah Bölgesi ve Aşk Bölgesi arasında, binanın arka orta kısmında Şan ve Şöhret Bölgesi'nin bulunduğunu görürsünüz. Sağlık ve Aile Bölgesi'ni, ortanın sol yanına Refah ve Mutluluk ile Bilgi ve Kendini Geliştirme Bölgeleri'nin arasına yerleştirin. Yaratıcılık ve Çocuk Bölgesi, ortanın sağ yanında Aşk ve Evlilik ile Yardımcı İnsanlar ve Seyahat bölgeleri arasında bulunmaktadır. Haritayı izlerken, binanın yapısına ait olup da dışarıda kalan bir bölge olursa bunu not edin.

Bir Odanın Bagua Haritasını Çıkarmak

Her odanın Bagua'sını çıkarmak için kapıda durun ve içeriye bakın. Odada birden fazla kapı varsa, en fazla kullanılanın önünde durun. Burası, odanın Bagua yönlerini belirlemek için kullanacağınız stratejik noktanızdır, tıpkı ön girişin bir binanın Bagua yönlerini belirlemesinde kullanılması gibi. Oda kenarlarından birinin sol tarafında bulunan bir kapı, Bilgi ve Kendini Geliştirme köşesindedir, oda kenarlarından birinin orta kısmında bulunan bir kapı ise Kariyer köşesindedir. Odanın sağ kısmında bulunan bir giriş, Yardımcı İnsanlar ve Seyahat Köşesindedir. Çoğunlukla, her odadaki Bagua köşeleri, bulundukları binanın Bagua bölgelerine denk düşmez, denk düşmesi de gerekli değildir. Her odanın üzerinde çalışılması ve düzenlenmesi gereken kendi Bagua köşeleri olduğunu göreceksiniz. Bu nedenle, bir binanın ve içindeki odaların Bagua haritasını çıkardıkça üzerinde çalışılması gereken pek çok Bagua köşesi olduğunu farkedersiniz. Her odada bulunan tüm Bagua köşelerini düzenlemeniz gerektiği gibi bir fikre kapılmayın. Öncelikle, hayatınızda daha iyi gitmesini istediğiniz konularla ilgili olan köşeler üzerinde çalışın.

Genellikle, herhangi bir binanın Bagua'sı her bir odanın Bagua'sından daha önemli kabul edilir, çünkü daha fazla yapısal Ch'i içerir. Bununla beraber, bir binanın içindeki odaların Bagua köşeleri düzenlendiğinde, Ch'i dinamik, uyumlu bir şekilde akarak burada yaşayan ya da çalışan insanların kendilerini daha hafif ve rahat hissetmelerine yardımcı olur.

Odaların İşlevlerinin Bagua Haritasıyla Uyumluluğunun Sağlanması

Sizin de fark edebileceğiniz gibi, odalarınızın işlevlerini, binanın Bagua haritasıyla uyumlu hale getirmek genellikle imkansızdır. Diğer bir deyişle, yatak odasını Aşk ve Evlilik bölgesi olarak, ofisinizi Kariyer ya da Refah bölgesi olarak, mutfağınızı Sağlık ve Aile bölgesi olarak ve stüdyonuzu da yaratıcılık bölgesi olarak düzenlemek çoğu binada mümkün olmamaktadır. Bu, mümkün olabilseydi iyi olurdu fakat o kadar da önemli değildir. Gerçekte önemli olan tüm bölgelerin düzenlendiğinden emin olmanız ve üzerinde çalıştığınız köşeleri enerjilerinin elinizden geldiğince iyi düzenlenmesidir. Örneğin, yatak odanız evinizin Bagua haritasında Refah ve Mutluluk ile ilgili bölgesindeyse, en önemli şey buraya güzel bir kristal vazo ya da yatağın üzerine zengin bezemeli bir kumaş gibi refah sembolü olan bir nesne koymaktır. Peki, Aşk ve Evlilik bölgesi banyoya denk gelirse ne olur? Burası, aşkı, duyarlılığı ve içtenliği temsil eden erotik sanat eserleri, ayaklı şamdanlar ve yumuşak havlular gibi eşyaların bulunduğu bir yer olabilir. Ana işlevi ne olursa olsun, her oda, kişisel bir anlamı ve özü olan bir Bagua sembolünü içerebilir.

Kayıp Bagua Alanları

Eğer bir Bagua bölgesi, bina planının dışında kalıyorsa o bölge kayıp kabul edilir ve burasının genel planın bütününe gerçek anlamda ya da sembolik olarak dahil edilmesi gerekir. Bir binanın kayıp bölgesi üzerinde çalışırken gerçek anlamda binaya dahil etmek için onu, kapalı bir veranda ya da ek bir oda ile yapıya bağlayabilirsiniz (bkz. Çizim 4). Verandalar, iç avlular ve çardaklar da, binanın bir parçası olarak kabul edilecek kadar yapısal öze sahiplerse bu amaca hizmet edebilirler. Bu

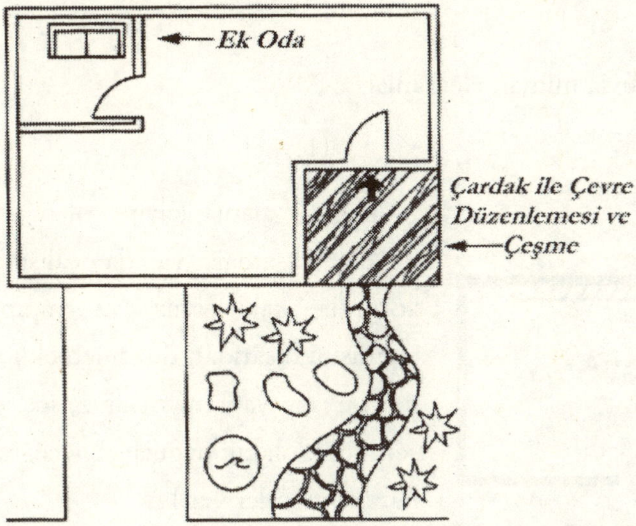

elemanları, tamamladıkları Bagua bölgeleriyle bağlantılı olan renklerle boyayıp nesneler ekleyerek güçlendirebilirsiniz. Örneğin, evin Aşk ve Evlilik bölgesinde çardaklı bir bahçe varsa, evin sakinleri buraya beyaz, pembe ve kırmızı çiçekler ekebilir ve/veya beyaz renkli mobilyalar koyabilirsiniz; bahçecilik sanatı aşkı tasvir eder.

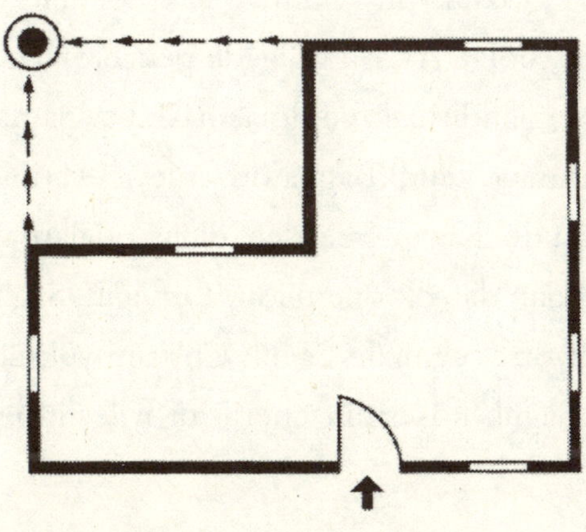

Kayıp bir bölgeyi sembolik ekler yaparak veya evin şeklinde fiziksel değişim yaratmaya yarayan fakat dışarıdaki kayıp bölgenizin sınırlarını belirleyen ekler yaparak da tamamlayabilirsiniz. Sembolik değişimleri planlarken, öncelikle binanın kare olması durumunda köşe yapabileceği bir yerini bulun. Bu bölge, aşağıda sayılan şeylerin estetik bir şekilde kullanılmalarıyla doldurulabilir :

- ✓ Çit
- ✓ Bir sokak feneri
- ✓ Bir bayrak direği
- ✓ Büyük kaya parçaları ve bitkiler ve/veya ağaçları içeren manzara görüntüsü
- ✓ Çeşme, şelale gibi suyla mimari elemanlar
- ✓ Heykel

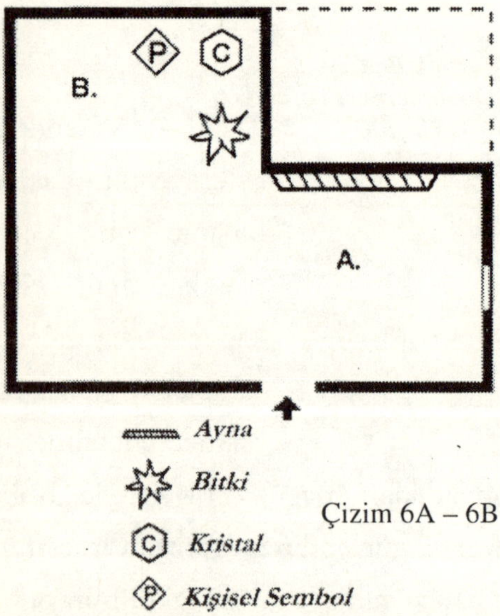

Çizim 6A – 6B

Bagua alanı kayıp olan bir binada yaşamak ya da çalışmak zorunda kaldıysanız ve yapının enerjisini dışarıdan düzenlemek için hiç bir şey yapamıyorsanız, içeride sembolik olarak uygulayabileceğiniz bazı yöntemler vardır.

Kayıp Bagua bölgesine yakın olan ve çıkıntı yapan duvar ya da duvarlara ayna koymak görsel olarak bu çıkıntıyı yok edebilir ve Ch'i dolaşımını iyileştirebilir (bkz. Çizim 6, bölge A). Bu bölgede pencere varsa, yuvarlak yüzlü bir kristal asın ve Ch'i'yi canlandırmak ve dolaşmasını sağlamak için güzel bir bitki koyun (bkz. böl. B). Buraya kendi Bagua düzenleyici yerinizi yerleştirmek Ch'i'yi daha da güçlendirecektir. Kayıp bölgeler, diğer odalardaki ilgili Bagua köşelerini canlandırmak açısından da çok önemlidir. Örneğin, Sağlık bölgesi oturduğunuz binanın dışında kalıyorsa, evinizin Sağlık Ch'i'sini yükseltmek ve güçlendirmek için her odadaki Sağlık köşesinin enerjisini iyileştirdiğinizden emin olmanız gerekir.

Bagua Haritası ve Sevdiğiniz Şeylerle Beraber Yaşamak

Bagua haritasını kullanmaya alışmaya başlayınca çevrenize bir göz atın. Sevdiğiniz ve sizde güçlü duygular uyandıran şeyler görüyor musunuz? Bunlar, düşlerinizi yansıtan ve yaşamdan istediklerinizi ve amaçlarınızı yansıtan şeyler mi? Çevrenizi saran şeylerin kafanızda bir dökümünü çıkarın. Çevrenize baktığınızda, "Neyi seviyorum?" diye sorun. Hangileri bana güzel anıları hatırlatıyor? Hangileri hatırlatmıyor? Hangileri beni, zengin ve güçlü, sevilen ve neşeli kılıyor? Bu eşyaların arasında hangileri "yoksul ve güçsüz" kavramlarını hatırlatıyor? Hangisi güzel hatıraları canlandırıyor, hangileri canlandırmıyor?

Bunda amaç, enerjinizi bitiren Ch'i tüketicilerini ve enerjinizi güçlendiren Ch'i üretici eşyaları belirlemek ve çevrenizdeki yerlerini saptamaktır. Daha sonra bu eşyaların bulundukları yerleri düzenlemeyi düşündüğünüz Bagua bölgeleri ile karşılaştırın. Sıklıkla, enerjisini güçlendirmek istediğiniz bir Bagua bölgesinin tam ortasında Ch'i'yi tüketen bir nesnenin bulunduğunu görürsünüz. Romantik ilişkilerinin hiç yolunda gitmediğinden şikayet eden bir hanımla tanışmıştım, Aşk ve Evlilik köşesinde çalışmayan büyük bir saat bulunmaktaydı. Bir başka hanım yaratıcılığının durduğunu söylemişti. Evindeki Yaratıcılık ve Çocuk bölgesinin, evde işe yaramayan ne varsa atıldığı ve karma karışık bir durumda bulunan garajı olduğunu fark etmişti.

Ch'i üreticilerinin Bagua haritası ile ilişkili oldukları yerlere bir göz atın. Bu nesneler genellikle, yaşamın gayet iyi giden yönleri ile ilgili köşelerde bulunmaktadır. Mutlu bir evlilik sürdüren çift, kendilerinin en sevdikleri fotoğraflarını Aşk ve Evlilik Köşesine koyduklarını görmüşlerdir. İş hayatında çok başarılı olan bir adam, Kariyer köşesine büyük bir akvaryum yerleştirmişti.

Sevdiğiniz kişisel eşyalarınızı sınıflandırmak ve böylece Ch'i seviyesini artırıp, zenginleştirecek şeyleri bulmak güç fakat ilginç olabilir. Bunun için daha önceden varlığını hiç sorgulamadığınız eşyalarınıza Feng Shui gözlerinizle bakmanız gerekir. Kendinize, "bunu gerçekten seviyor muyum ve buna gerçekten ihtiyacım var mı?" sorularını sorun. Bunu yaptığınızda, her şeyin içinde bulunan Ch'i'nin sizinle konuştuğunu, sizi sürekli etkilediğini hatırlamak daha kolay olacaktır. Kendinizi şikayet etmek ve azarlamak yerine iyi dilek ve iltifatlarla çevrelediğinizden emin olun. Eğer, eşyalarınız sizi besliyorlarsa, bu şükredilecek bir durum olabilir, eğer değillerse birer bela haline dönüşebilirler. Hoşlanmadığınız eşyaları gözden uzağa kaldırarak ve hoşlandıklarınızla birlikte yaşayarak bulunduğunuz ortamdaki Ch'i'yi güçlü ve canlı kılın.

Evinizde sürekli hareket halinde bulunan Ch'i Denizi'nin haritası çıkartılabilir ve kendi ellerinizle mükemmel bir uyum içinde biçimlendirilebilir. Bagua haritası rehberinizdir. Hazır olun. Tecrübeyle sabittir ki, bir değişim yaratmak için yapılan çağrı cevapsız kalmamaktadır.

Çevresel Onaylamalar – Bagua Düzenlemelerinizi Kişiselleştirmek

Eviniz ve iş yerinizdeki Bagua bölgelerini, sizin için pozitif anlamları olan sembol ve nesnelerle güçlendirince etkili "Çevresel Onaylamalar" haline gelirler, hayatınızda pozitif Ch'i'yi mükemmelleştirip, yoğunlaştırırlar. Çevresel onaylayıcılarınız, üzerinde yoğunlaştığınız değişimler için yaptığınız çağrıları harekete geçirerek, fiziksel ve enerjik olarak Ch'i üretirler - bunlar, refah düzeyini artırmak, aşkı beslemek, iş üretmek, yaratıcılığı artırmak ya da sağlığı düzeltmek olabilir. Bu çağrı, yaptığınız Bagua düzenlemelerini her gördüğünüz ya da düşündüğünüzde, zamanı ve istediğiniz olumlu değişimlere hazır olduğunuzu doğrulayarak gittikçe güçlenir.

Bölüm 8'de sayılan Temel Feng Shui Araçları'nden birini ya da birkaçını kullanarak Bagua haritası ile çalışmaya başlayabilirsiniz. Çoğu kişi için, bu düzenlemelerin kişisel anlamları vardır ya da kısa bir süre için bu tür bir anlama sahip olurlar, bu nedenle de Bagua bölgelerini düzenleme konusunda titiz davranırlar. Fakat kristaller ya da rüzgar çanları satın almadan önce, Başarıya Ulaşmış Bagua Hikayeleri başlığı altında verilen her hikayenin sonunda sayılan Kişiselleştirilmiş Düzenlemelere bir göz atın. Daha sonra evinize bir göz atın ve üzerinde çalışmak istediğiniz Bagua bölgelerinde/köşelerinde uygun düzenlemelerin zaten var olup olmadığına görmeye çalışın. Çoğunlukla, "yanlış yerlerde doğru şeyler" bulunmaktadır.

Bir Bagua bölgesini düzenlemek için kullanabileceğiniz bir şey bulamadığınızda, kendiniz yaratın. İçine kendi kişisel Ch'i'nizi kattığınız bir şey çizebilir, yontabilir, yapabilir, birleştirebilir ya da boyayabilirsiniz. Bagua bölgenizin enerjisini iyileştirmek için yenilikler yaparken bunun tadını çıkarın. Yaratıcılığınızın derinliklerinden gelen şeyleri şekillendirmek son derece tatmin edici ve güç verici olabilir. Unutmayın ki, kalbinize ne kadar yakın ve açık , yani kişisel olursanız, Bagua düzenlemeniz de o oranda sizin Ch'i'nizle dolu ve bu sayede de daha güçlü olur.

İster iş yerinizin Refah ve Mutluluk Bagua'sını, ister stüdyonuzun Yaratıcılık köşesinin ya da evinizin Aşk köşesinin enerjisini iyileştirmeye çalışın, öncelikli önerim, oraya hemen bir şey koymanızdır. Bagua düzenlemesi yapmak için doğru zamanı beklemeyin. Duvara asılmış, anlam ifade eden bir resim bile olsa, hemen başlayın!

Her Yer Önemlidir: Tuvaletler, Bodrumlar, Tavan Araları, Garajlar

Bagua bölgeleri, üzerinde çalışmakta olduğunuz yapının tamamına dağılmış olduğu için, kaçınılmaz olarak bir ya da birden fazla Bagua bölgesi, garajınızda, bodrumda, tuvaletlerde ve banyolarda bulunacaktır. Bu nedenle, bu bölgeler evinizdeki ya da ofisinizdeki diğer odalar kadar önemlidir. Buradaki çalışma prensibi, "Saklanacak hiç bir yer yoktur"dur. Karmakarışık bir tuvaleti ya da düzensiz bir garajı görecek tek kişi siz olabilirsiniz, fakat buralardaki Ch'i'den etkilenecek olan kişi de gene sizsiniz.

Tuvaletin kapısını açtığınız ve her şeyin düzenli olduğunu gördüğünüzü düşünün. Şimdi de aynı kapıyı açtığınızda içerideki her şeyin bir kaos görünümü verdiğini düşünün. Bu iki senaryo için iki farklı cevabınız var gibi görünüyor.

Buna bir de bu dolabın Bagua bölgelerinden birinin sınırları içine girdiğini ve sizi çevreleyen Ch'i'nin niteliğini etkilediğini ekleyin. Evinizde ya da ofisinizde herhangi bir yerde karışıklık varsa buranın düzene sokulmasının, hem de tamamıyla düzene sokulmasının vakti gelmiş demektir. Sizinle beraber yaşayan ve sahip olduğunuz maddesel varlıkları ve yaydıkları Ch'i'yi kontrol altına almanın vaktidir.

Tecrübelerim bana bu görevin nasıl yerine getirileceğini öğretti. Herhangi bir nedenden dolayı kullanmadığınız şeyleri toplamaya eğilim gösteririz. Peki bu, neden bu kadar önemlidir? Evinizdeki en karışık köşeye bakın ve kendinize şu iki soruyu sorun : "Buna gerçekten ihtiyacım var mı?" ve "Bunu gerçekten seviyor muyum?" Cevabınız bu sorulardan en azından biri ve tercihen her ikisi için de "Evet!" olmalıdır. Belki bir dönem için gerekli olan bir eşyayı alıyorsanız ve ona gerçekten ihtiyacınız varsa o zaman o eşyanın duracağı yeri açıkça belirleyin. Fakat, ne yapacağınızı bilmediğiniz bir şey alıyorsanız ondan hoşlanmaya çalışmayın; büyük olasılıkla eski, kırık ya da bozuktur. Öyleyse ondan vazgeçin, atın, satın ya da onarın. Unutmayın ki, bu alıştırma evinizdeki ya da ofisinizdeki tüketici, durgun, zararlı Ch'i'yi temizlemek içindir. Bu uygulamanın kapsamına, üç araba alacak kadar büyük bir garajdan bir mücevher kutusuna dek TÜM bölgeler girer.

Gerçekte ihtiyaç duyduğunuz ve sevdiğiniz eşyaları ayırdığınızda, aslında eski, zayıflatıcı Ch'i'yi dışarı atmış, taze, yaşamsal Ch'i'yi içeri almış olursunuz. Sizi destekleyen ve besleyen taze, hayat dolu Ch'i'ye sahip bir şeyle dolu bir boşluk yaratan, sağlıklı bir verme ve alma döngüsünü harekete geçirirsiniz. Sizin, doğrudan bir uzantınız olan çevreniz sağlıklı bir beden gibi nefes alıp verir - toksinlerden ve fazla ağırlıklardan kurtulur. Sahip olduklarınız hakkında bilinçli olmak, kişisel bir cennet yaratmanın en hızlı yoludur.

Banyolar

"(Paramın, zamanımın, v.s....) üzerine sifonu çektim" ve "Her şey (proje, evlilik, v.s...) kanalizasyondan aşağı gitti" gibi deyişler, Feng Shui uygulanırken ve Bagua düzenlemeleri yapılırken gayet ciddiye alınır. Tuvaletler ve banyolar, binanın içinde akan besleyici Ch'i için bir tehdit oluşturabilirler. Banyoların bir tek işlevleri vardır : insan atıklarının lavabo, banyo küveti, duş ve klozet yoluyla akıtılması. Banyo kanalları açık bırakıldığında çevredeki Ch'i de tam anlamıyla bu yollar vasıtasıyla akmaya eğilim gösterirler. Klozet, deliğin boyutu nedeniyle özellikle sorundur. Kullanımı zorunlu değilse, klozetin kapağını kapalı tutmak, evinizde ve ofisinizde dolaşan yaşamsal Ch'i'yi korumak açısından yararlıdır. Çoğu insan kullanmadıkları zamanlarda tüm banyo drenajlarını kapalı tutmalı tercih eder.

İdealde, banyolar içlerinde vakit geçirmek için hoş mekanlardır ve sevdiğiniz ve bulundukları Bagua bölgesi ile ilişkili desen ve renklerle donatılabilirler.

Mobilyanızın Bagua Haritasını Çıkarmak

Bagua haritasını, büyük boyutlu bir binadan küçücük bir masaya dek her yere uygulamak mümkündür. Sıra, masa gibi yüzeyleri Bagua'ya uygun hale getirmek, başarı ve mutluluk için gerekli ortamı sağlayabilir. Her zaman olduğu gibi, Bagua, düzeltme için kullandığınız nesnelerle aranızda güçlü, pozitif bir bağınız olduğunda en iyi sonucu verir. Nesnelerin her biri sizinle düzenli olarak konuştuğundan, doğru şeyleri doğru yerlere koyarak bu kavramı kendi yararınıza kullanabilirsiniz. Bu yüzeylere, sizin için güçlü ve çekici olan, kendilerinden ve çevrelerinden gelen Ch'i'yi dengeleyen ve iyileştiren nesneler koyarak sanatsal bakımdan yaratıcı işler ortaya konabilir. Başlangıç için, 8. Bölüm'ü (Temel Feng Shui Araçları) ve Başarılı Bagua Hikayeleri'nin sonunda bulunan "Kişiselleştirilmiş Düzenlemeler" kısmına ve önerilere bir göz atabilirsiniz. Size çekici gelen şeyleri seçmeyi unutmayın. Örnek olarak, ofisinizin kalbini yani masanızı ele alalım. Bagua haritasını alın ve masanızın üzerine yayın. "Giriş" yeri olasılıkla ön cephenin orta kısmında bulunan ve Kariyer Köşesi olan, sizin oturduğunuz yerdir. Oturduğunuz yerden Refah köşesini bulmak için masanızın arka sol köşesine bakın. Buradan, geri kalan Bagua köşelerini belirlemek için haritayı izleyebilirsiniz.

Refah köşenize, hesap makinesi, bozuk para kasesi gibi refah ve başarı ile genel bir ilişkisi bulunan şeyler koyun. Olasılıkla, elinizde, refah ve bollukla doğrudan ilgili olarak, işinizde kazandığınız ilk para, sattığınız ürünlerin resimleri veya bunlardan bazı örnekler veya en büyük müşterinizin fotoğrafı gibi nesneler bulunmaktadır. Suyla ilgili bir eşya, güzel bir çiçek vazosu, kırmızı bir kumaş veya kristal bir kağıt ağırlığı gibi sıkça kullanılan diğer nesneler de sembolik olarak uygundurlar.

Masanızın arka orta kısmı Şan ve Şöhret köşesidir, burası diploma, ödül ya da sertifikaları koymak için mükemmel bir yerdir. İyi ışık veren bir lamba, çiçekli bir bitki veya çerçeve içine alınmış bir söz gibi nesneler de sizin şan ve şöhretiniz simgeleyebilir.

Aşk köşesi, masanızın arka sağ köşesindedir. Burası, sevgilinizin ya da eşinizin fotoğrafını koymak için harika bir noktadır. Özel bir hafta sonundan kalan hatıra, romantik bir resim veya beyaz, pembe ya da kırmızı bir vazoya konmuş iki adet çiçek gibi size aşkı ya da romantizmi çağrıştıran herhangi bir şey buraya konabilir.

Yaratıcılık ve Çocuklar köşesi masanızın sağ kenarının tam ortasındadır. Burası çocuklarınızın fotoğrafı için harika bir yerdir. Çocuk sahibi olmak istiyorsanız, buraya bir bebeğin, yavru hayvanların ve tomurcuklanan çiçeklerin bir resmini koyabilirsiniz. Diğer seçenekler, içinde parlak renkli kalemlerin ve markörlerin olduğu kalemlikler gibi yaratıcılık sembolleridir. Bir çocuğun yaptığı ve çerçevelenmiş bir resim ya da seramik sanatçısı. ressam veya heykeltıraş gibi sanatsal işler yaratan kişilerin resimleri de iyi birer seçimdirler.

Yardımcı Kişiler ve Seyahat köşesi tam sağınızdadır ve telefonu koymak için çok iyi bir yerdir. Bu köşenin enerjisini iyileştirmek için kullanılacak seçenekler, bir geziden kalmış bir anı, bir koruyucunun fotoğrafı ya da her hangi bir ruhsal ve dini resim, takvim veya size ilham veren sözler olabilir.

Tipik olarak, önünüzde aktif bir çalışma alanı bulunur halde Kariyer köşesinde oturursunuz. Genellikle, çeşitli projeler, görevler, v.s..., üzerinde çalışırken bu alan karmakarışık bir halde olur. Burada önemli olan Kariyer köşenizi karmaşadan tekrar düzenli hale getirmektir. Bu döngüyü olabildiğince akıcı hale getirerek kendinize bir hediye verin. Diğer bir deyişle, tamamlayın, öne çıkarın ve Ch'i'nizin kağıt tomarları veya dosyalar altında hareketsiz kalmaması için ertesi gün ya da belirli aralıklarla tekrar düzenleyin.

Bilgi ve Kendini Geliştirme köşesi, ajanda, referans malzemeleri ve kitaplar için çok iyi bir noktadır. İster kayak yapmayı, ister meditasyon yapmayı öğrenin ya da isterseniz gece okuluna gidin, yeni aldığınız eğitimi temsil eden şeyler buraya aittirler.

Sağlık ve aileyi temsil eden köşe masanın sol tarafında, Refah ve Bilgi köşelerinin arasındadır. Ailenin ve arkadaşların fotoğrafları ya da onlardan gelmiş kartlar ile birlikte çiçekler ve bitkiler veya ideal sağlık ve form durumunu temsil eden resimler burası için mükemmel birer seçimdirler.

Bazı ofislerde, çalışanlar masalarını istedikleri gibi düzenleme lüksüne sahip değillerdir. Neyin olup neyin olamayacağına dair sert kurallar vardır. Durum böyle bile olsa, Bagua ustalıkla kullanılabilir. Örneğin arkadaşım Sean, masanın üzerine hiç bir kişisel eşyanın konmasına izin verilmeyen büyük ve çok disiplinli bir hukuk bürosunda çalışıyordu. Masasının enerjisini düzenlemek için, IN ve OUT listesini bilgi köşesine, saksı içindeki güzel bir bitkiyi sağlık ve aile köşesine, hesap makinesini refah köşesine, üzerinde şirket arması olan kağıt ağırlığını şan ve şöhret köşesine, masa lambasını aşk köşesine, kalemlerini yaratıcılık köşesine ve telefonunu da yardımcı insanlar köşesine yerleştirdi. Kariyer köşesi için önüne bilgisayarı ile birlikte siyah bir mürekkep kurutucusu seçti. Bu nesnelerin her birinin altına Bagua köşelerinin her biri ile ilişkili olan renkte/renklerde küçük bir kumaş koydu. Bu kumaş parçaları görülemeseler bile, Sean orada olduklarını biliyordu ve renklerin masanın etrafında dolaşan olumlu Ch'i'yi daha da güçlendirdiğini hissediyordu.

Özel Bagua düzenlemelerini her yüzey üzerinde yapabilirsiniz. Tüm çevreniz, özel anlamları olan ve Bagua haritasına göre yerleştirilmiş ve yaşamsal Ch'i'yi güçlendirip, canlandıran nesnelerle donatılabilir.

Başarı, kişiyi bir gün içinde tamamen değiştirebilir mi? Kişinin kendini daha uzun boylu, daha canlı, daha yakışıklı, alışılmadık ölçüde yetenekli hissetmesini ve yaşam yolunun hep böyle devam edeceğine kesin bir şekilde inandırarak sarsılmaz derecede güvende olduğuna inanmasını sağlayabilir mi ? Sağlayabilir ve sağlar.

- *Moss Hart*

7. Başarıya Ulaşmış Bagua Hikayeleri

İleriki sayfalarda okuyacağınız hikayeler, müşterilerimin kendi mekanlarında Bagua haritasını uygulayarak elde ettikleri başarılardan bazılarını anlatmaktadır. Bu hikayeler, genel olarak Bagua ve Feng Shui prensiplerinin nasıl uygulanması gerektiğini göstermektedirler. İsteğin ve yerleştirmenin etkili bir biçimde birleştirilmesi sonucu elde edilen olumlu değişikliğin nasıl çabucak ve bazen de dramatik bir şekilde meydana geldiğini gösteren hikayeler seçtim. Hikayelerde de anlatıldığı gibi değişim oldukça şaşırtıcıdır. Daha önceden de belirttiğim gibi, üzerinde çalıştığınız Bagua bölgesi ili ilişkili olan olumlu değişiklik 30 günden kısa bir sürede gerçekleşebilmektedir. Gerçekleşmese de sakın vazgeçmeyin! Bu bölgeye koyduğunuz şeyi ve isteğinizi tekrar gözden geçirin ve daha iyi bir hale getirmek için neyi değiştirmeniz veya güçlendirmeniz gerektiğine karar verin. Unutmayın ki, siz, çevrenizi saran tüm canlı, birbiriyle bağlantılı ve dinamik nesnelerin baş düzenleyicisi ve Ch'i üreticisisiniz. İstediğiniz şey üzerinde yoğunlaşın, mekanın sizi onaylamasına izin verin ve neler olduğunu izleyin.

Bagua Haritası

SAĞLIK VE AİLE

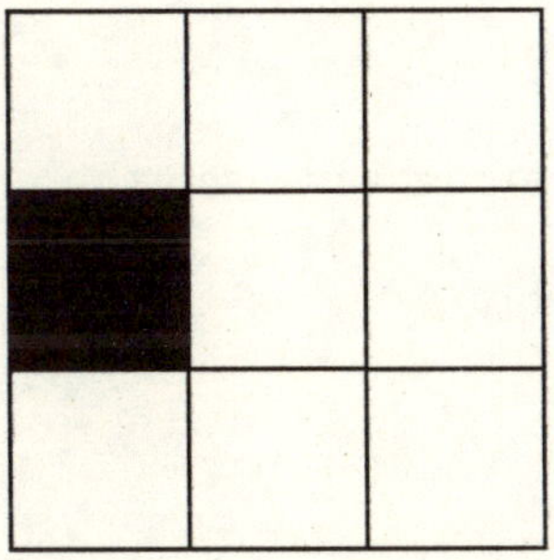

Sağlık ve Aile bölgesi, üzerinde çalıştığınız yapının orta sol kısmında, Bilgi ve Kendini Geliştirme ile Refah ve Başarı arasında yer alır.

I Ching'in Sağlık ve Aile Hakkındaki Bilgeliği

I Ching trigramında, sağlık ve aile *Chen* ile ilişkilidir, bunu "yıldırımın şok edici gücü" diye çevirebiliriz. Bu öğreti, hayatta çeşitli dönemlerde karşılaşılan şoklar ve önceden görülmeyen "fırtınalar" karşısında güçlü bir bedensel sağlığa ve sevgi dolu aile bağlarına sahip olmanın önemine işaret eder. "Aile" hem yakın dostlarımız hem de kan bağı olan akrabalarımız için kullanılır. İyi bir sağlık durumu ve olumlu aile ilişkileri, kötü zamanlarda dibe batmak yerine devam edebilmemizi olabildiğince garanti altına alır. Sağlık ve aile konusunda sağlam temellere sahip olmak büyüme, gelişme ve mutlu olmak için bir sıçrama tahtası görevi görür. Ne kadar sağlıklı olursak o oranda da egzersiz yapmak, spor yapmak, gezmek, çalışmak ve fiziksel anlamda hayatın tadını çıkarmak için fırsatımız olur. Aynı şekilde, arkadaşlarımız ve ailemiz ile olan ilişkilerimiz ne kadar sağlıklı olursa, sağladıkları yararlar ve duygusal destekten de o kadar çok yararlanırız. I Ching'e göre, bedensel sağlığımız iyi olduğunda ve duygusal ilişkilerimiz yolunda gittiğinde hayırlı fırsatlarla karşılaşır ve kötü zamanları da atlatırız.

Eğer,

- ✓ sağlığınızın düzelmesi gerekiyorsa;
- ✓ bir ameliyat olmuşsanız veya olmanız gerekiyorsa;
- ✓ bir spor müsabakasına girecekseniz;
- ✓ sosyal yaşamınızın ve ailenizin bir şekilde büyümesini ve gelişmesini istiyorsanız;
- ✓ ailenizle olan ilişkilerinizin daha iyi bir hale gelmesini istiyorsanız

Sağlık ve Aile bölgesinin/köşesinin enerjisini iyileştirin.

Sağlık ve Aile Baguası Hakkında Hikayeler

Sandık Odaları ve Binalar

Joan, kocası Charles'ın sağlık durumundan endişe duyduğu için beni aramıştı. Bir sene evvel yeni evlerine taşındıklarından beri kocasının sağlığı giderek kötüleşmişti. Son zamanlarda işini bırakmak zorunda kalmıştı ve zamanının çoğunu evinde geçirmekteydi. Joan'a kendi sağlığının nasıl olduğunu sorduğumda, taşındıklarından beri kendinde bir rehavet ve önceye oranla bir enerji düşüklüğü hissettiğini söyledi. Bir sonraki gün için randevulaştık. Evlerine gittiğimde, ne kadar zevkli ve güzel döşenmiş olduğunu fark ettim. İlk yaptığım evin sağlık ve aile bölgesine bakmak oldu. Evin geri kalanından yalıtılmış ve içinde kedi sepetinden başka bir şey olmayan, küçük, karanlık bir sandık odasına çevrilmişti. Evin geri kalanından belirgin bir şekilde farklıydı, kokusu bile değişikti. Joan, evin sağlık ve aile bölgesinin durumunu anlayınca gülmekten kendini alamadı.

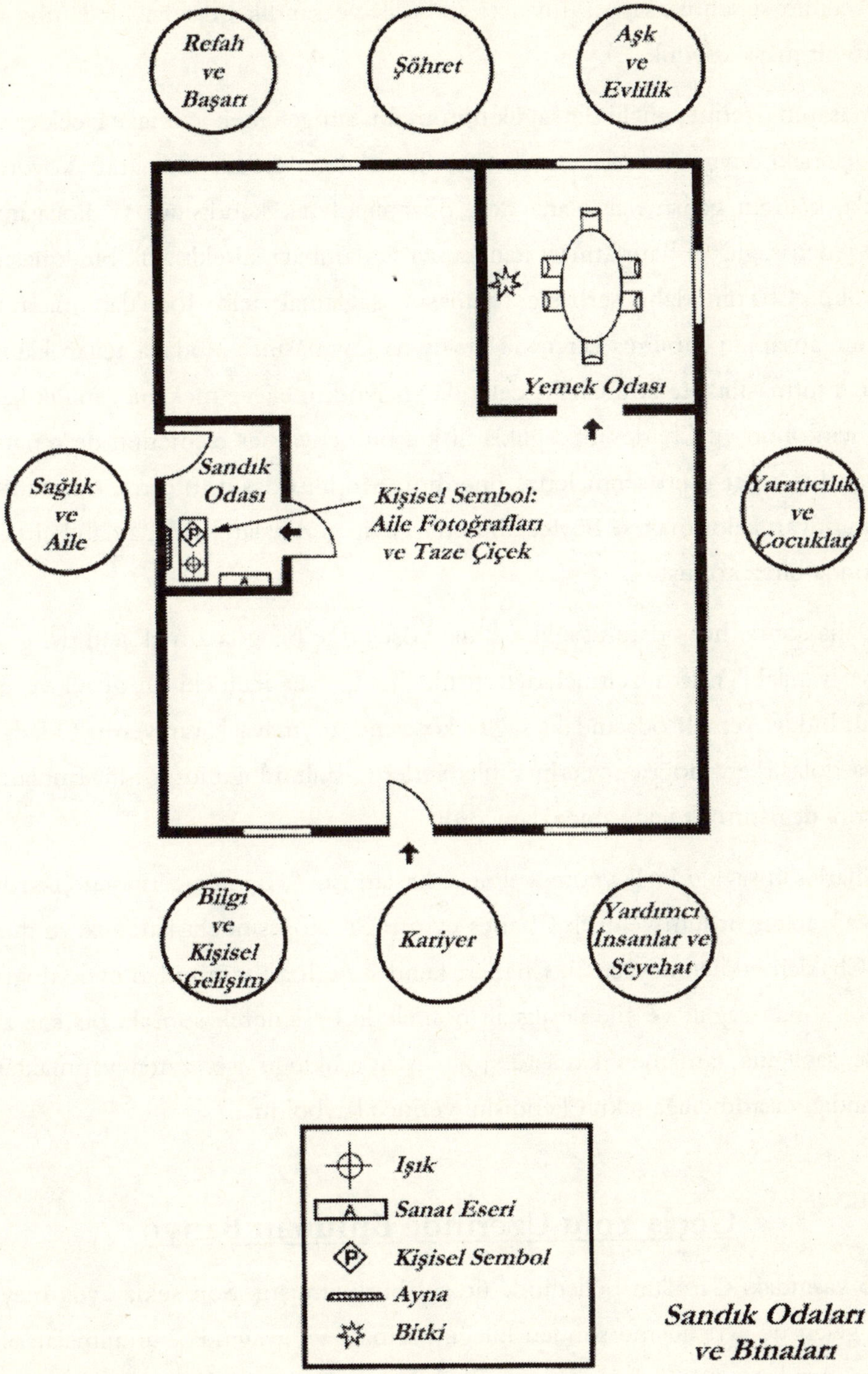

Sandık Odaları ve Binaları

Yapılanlar ve Sonuçları:

Kedinin sepetini aşağıya, tuvalete indirdik ve sandık odasına bir lamba ve ahşap bir masa koyduk.

Masanın üzerine, güçlü bir sağlık durumunu simgelemek için taze çiçekler ve aile içindeki sevgiyi temsil etmek için de sevilen bir aile fotoğrafı koyduk. Joan'a, belirgin gelişmeler olana dek, düzenli olarak kendisinin ve kocasının iyiye giden sağlığını hatırlatması için kapıyı ve lambayı sürekli açık bırakmasını önerdim. Ch'i'nin daha serbestçe akmasını sağlamak için, Joan'dan masanın üzerine ahşaptan yapılmış çerçeveli bir oyma koymasını ve odaya açılan kapıyı da açık tutmasını istedim. Ch'i'yi daha da güçlendirmek ve mekana canlılık katmak için onun ve Charles'ın, sağlıkla ilişkili bu odaya beş elementin de rengini taşıyan bir sanat eseri seçmelerini önerdim. Sandık odasını oturma odasından ayıran duvarı kaldırmak ve böylece bu odayı evin geri kalan kısmına dahil etmek hakkında biraz konuştuk.

Daha sonra, her odanın sağlık ve aile köşelerine bir göz atmak için evi gezdik ve yapılabilecek düzeltmeleri tartıştık. Joan, evin içindeki en güzel ve en büyük bitkiyi yemek odasındaki sağlık köşesine koymaya karar verdi. Odadan odaya dolaşırken, doğru şeylerin yanlış yerlerde bulunduğunu gördü. Bunların yerlerini değiştirmek için sabırsızlanıyordu.

Charles'ın sağlığı hızla yerine gelmeye başlamıştı. "Kıymığı yerinden çıkardığımıza" inanıyordum ve artık Charles evin sağlık köşesindeki karanlık ve durgun Ch'i'den etkilenmeyecekti. Charles, kendisi ve Joan tarafından evde doğru yerlere konan sağlık ve aile ile ilişkili nesnelerle beslenerek sonraki bir kaç ay içinde sağlığına tamamen kavuştu. Joan'ın uyuşukluğu ise, zaten yapmaktan hoşlandığı tasarımcılığa tekrar kendisini verince kayboldu.

Geçiş Yolu Üzerinde Bulunan Banyo

45 yaşındaki Carol'un bedeninde üç yer burkulmuştu. Son sekiz ayda meydana gelen üç ayrı düşme sonucu bileği, parmağı ve ayağında burkulmalar olmuştu. Aniden ortaya çıkan sakarlığı ile dokuz ay önce şimdi oturduğu eve ta-

şınması arasında bir bağlantı fark edebilecek kadar Feng Shui'den anlıyordu. Benden kendisiyle görüşmemi istedi.

Feng Shui gözlerimle baktığımda, Carol'un neredeyse mükemmel bir evde yaşadığını gördüm. Yapısal anlamda Bagua bölgelerinin tümü de sağlam olan,

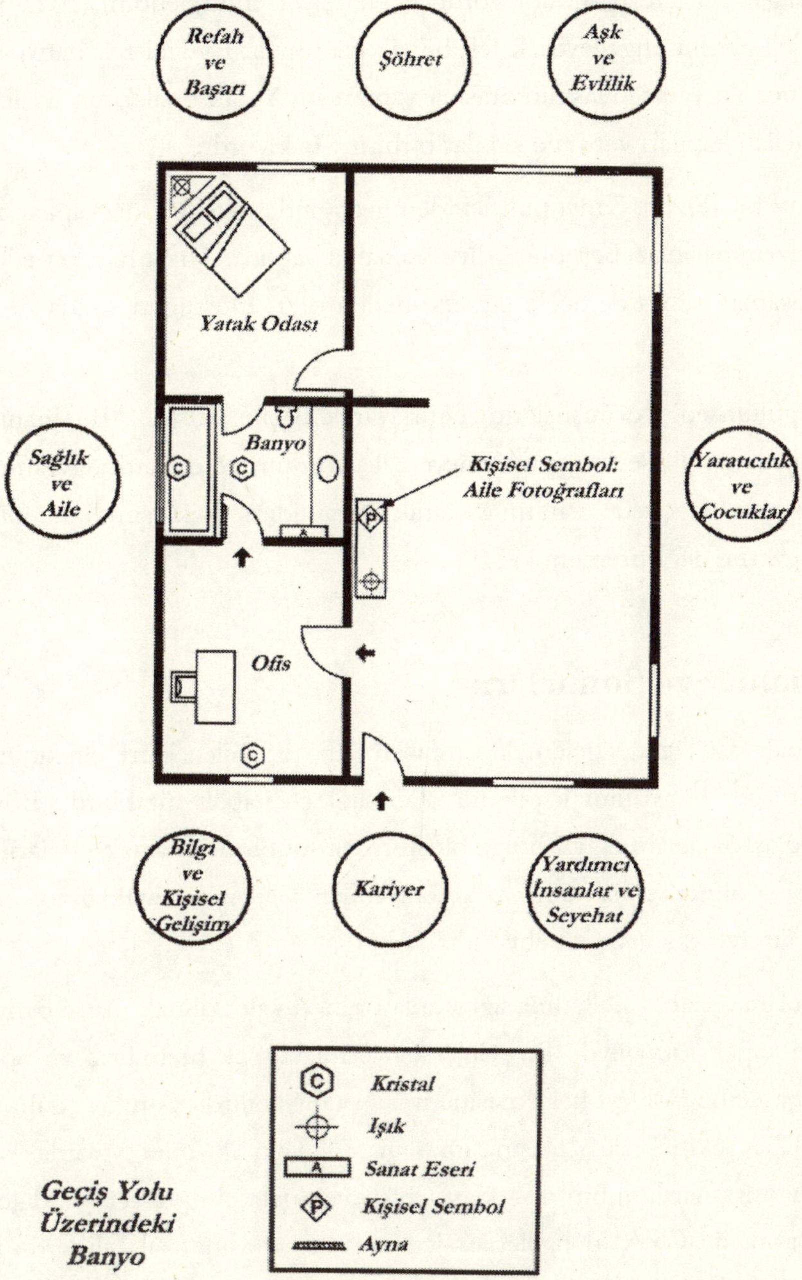

Geçiş Yolu Üzerindeki Banyo

kare planlı bir evdi. Garaj arkada, ayrı bir bina halindeydi, ön kapı evin en önemli girişiydi. Evin yola hakim bir yerde olması, arkada bir tepe ile çevrilmesi ve her iki yanda yeterince uzamış çalılarla kapatılması klasik bir koltuk konfigürasyonunu oluşturmaktaydı. Dışarıda her şey mükemmeldi, fakat evin içindeki sağlık ve aile bölgesini görünce fazlasıyla endişelendim. Evin içinde uyumlu Ch'i akışını engelleyecek tek büyük çıkıntıydı. Evdeki tek banyo buradaydı. Ayrıca iki yatak odasının arasına yapılmıştı. Yatak odalarının ikisinin de banyoya açılan kapıları vardı ve kapılar birbirine bakıyordu.

"Bu tarz bir düzen, banyonun içinden geçtiğinde, özelikle de kapılar açıksa Ch'i'nin hızlanmasına sebep olur" diye açıklama yaptım. 'Hızla hareket eden bir Ch'i ile yaşamak senin de acele etmene neden olur. Düştüğün sırada ne yapıyordun?"

Carol gülümsedi ve düşüşlerini hatırlayarak başını salladı. "Bu inanılmaz. Her üç olayda da bir şeyleri yetiştirmeye çalışıyordum ve dikkatli davranmıyordum. Sonunda da düşüp canımı yakarak durabildim. Peki şimdi ne olacak? Banyonun yerini değiştiremem ki."

Yapılanlar ve Sonuçları:

Banyodaki Ch'i'yi dengelemek için Carol'un yapabilecekleri hakkında konuştuk, örneğin banyonun kapılarını olabildiğince kapalı tutabilirdi. Böylece, Ch'i'nin dolaşabileceği üç ayrı bölge oluşturuyordu: birincisi yatak odaları, ikincisi banyo, sonuncusu ise daha az tercih edilen ve kapılar açıldığında ortaya çıkan "köpürerek akan azgın nehir" idi.

İkinci olarak, Carol, kullanmadığı sırada başta tuvalet olmak üzere banyodaki delikleri kapalı tutmalıydı. Bu, Ch'i' seviyesini yüksek tutabilirdi ve böylece dolaşmasına ve bu bölgeyi beslemesine imkan tanıyabilirdi. Banyoya daha fazla yaşamsal Ch'i çekmek ve dolaşmasını sağlamak için iki adet yuvarlak yüzlü kristal asmasını önerdim, biri dışarıdan Ch'i'yi çekmek için pencereye, diğeri de iki kapı arasındaki Ch'i'yi dengelemek için odanın ortasına asılabilirlerdi. Kristaller, kapılar açık kaldığında Ch'i'nin dengelenmesine de yardımcı olabilirlerdi.

Banyoda, çerçevelenmiş bir resim vardı. Carol'a bu resim hakkında ne hissettiğini sordum.

"Evi döşerken nereye koyacağımı bilemedim, ben de bunu oraya astım. Sorun yok. Sanırım."

"Bu banyonun içinde bulunduğu son derece önemli Bagua bölgesini göz önüne alırsak, buraya çok iyi gideceğini düşündüğün, senin için sağlıklı olmayı simgeleyen bir şey asmanı öneririm.

Banyoyu, Carol'un kolunun altında o resim olduğu halde terk ettik.

Ayrıca, banyo kapısının dışına, yatak odasına bakar biçimde bir boy aynası asmasını önerdim. "Bu odayı bir ofis olarak kullandığın için ayna, yaratıcılık Ch'i'sini artıracak ve yaratıcılığını geliştirecektir" dedim. "Bu nedenle, arkadaki yatak odasına bakan kapıya bir ayna asmanı önermem. Yarı uykulu durumdayken, herhangi bir hareket fark etmen geceleyin sıçrayarak uyanmana neden olabilir. Ofisindeki aynanın haricinde, sağlık ve aile Ch'i'sini daha da iyi hale getirmek için pencerenin önüne bir kristal asabilirsin."

Her odadaki sağlık ve aile köşesini kontrol ederek evin geri kalanına da baktık. Carol'un oturma odasında güzel bir lamba koleksiyonu vardı. Odanın sağlık köşesinde bulunan bir sehpanın üzerinde koleksiyonun en küçük parçası duruyordu.

"En çok sevdiğin lamba hangisi?" diye sordum.

Odanın bilgi köşesinde bulunan, elinde çiçek tutan, bronz bir heykeli göstererek, "bu" dedi.

"Onu sağlık köşene koymanı ve bir süreliğine ışığını gün boyu açık bırakmanı öneririm" dedim. "Mükemmel bir sağlık ve sevgi dolu aile ve arkadaşlık ilişkileri için çevresel onaylayıcın olabilir."

Carol bunu kabul etti ve "sağlık leydisini" sehpanın üzerindeki yeni yerine koydu. Biraz konuştuktan sonra, aile fotoğraflarının olduğu albümü oturma odasındaki kariyer köşesinden alıp sehpanın üzerine yerleştirdi, böylece lamba ve fotoğraflardan oluşmuş ve stili olan güzel bir sağlık ve aile köşesi yarattı.

Bir sonraki ay, Carol kristalleri ve aynayı astı ve banyoya mükemmel sağlık düşüncesini çağrıştıracak imajlardan oluşan güzel bir kolaj yaptı. Karşılaşmamızdan dört ay sonra kendisiyle konuştum.

"Tüm söyleyebileceğim çok sağlıklı olduğum ve sen oraya geldiğinden beri hiç düşmediğim" dedi. "Genel olarak daha sakinim, hatta geçen ay ailem bile beni ziyaret etti."

"Nasıl gitti?" diye sordum.

"Umduğumdan daha iyi, evde kaldılar ve çok iyi vakit geçirdik. Babam, ne klozet kapaklarını hep kapalı tutmaya ne de banyo kapısını kapatmaya alışık değildir. Fakat aile ilişkilerimi iyi tutmak adına, onlara Feng Shui kuralları hakkında eğitmekten vazgeçtim ve kapakları ve kapıları kendim kapattım. Artık, evlerine geri döndüler, annem, babamın klozet kapağını kapatma alışkanlığı edindiğini söyledi, kendisi de kapının dışına bir ayna asmış. Ailem de Feng Shui'yi gayet iyi uyguluyor - işte bu hoşuma gitti!"

Sağlık ve Aile Köşesi İçin Yapabilecek Düzenlemeler

Sağlık ve aile köşesinin enerjisini daha da güçlendirmek istiyorsanız, aşağıda sayılan maddelerden birini ya da birkaçını kullanabilirsiniz. :

- ✓ Her cins sağlıklı bitki
- ✓ Her renkten taze kesilmiş çiçek
- ✓ Posterler, resimler, kolajlar, fotoğraflar; ideal vücut ölçülerindeki insanların resimleri, aile üyelerinin ve arkadaşlarınızın resimleri, çiçek ve bitki ile bahçe ve manzara resimleri
- ✓ Mobilya ve süslemeler de dahil olmak üzere her türden ahşap eşya
- ✓ Çiçek motifli örtüler, döşemeler ve duvar kağıdı gibi bitkisel motifli süslemeler
- ✓ İdeal sağlık durumu ve aile ilişkileri ile ilgili olan sözler, alıntılar

✓ Anı eşyaları, sportif müsabakalarda kazanılmış ödüller, aile yadigarları gibi sağlık ve aile kavramları ile kişisel anlamda ilgileri olan eşyalar.

Sağlık ve Aile için Onaylamalar

Aşağıdaki listeden hoşunuza giden sözleri seçip yazın ve onları evinizin, masanızın, ofisinizin ya da masanızın sağlık ve aile köşesine koyun. Ya da isterseniz, bu sözleri bir rehber olarak alıp kendi sözlerinizi yaratabilirsiniz.

Ben son derece sağlıklı bir insanım.

Sağlığım her açıdan mükemmel.

Ailemle aramdaki harika ilişkinin tadını çıkarıyorum.

Arkadaşlarımla aramdaki uyumlu ilişkilerin tadını çıkarıyorum.

Çok şükür ki son derece sağlıklıyım ve sevgi dolu ilişkilerim var.

Bagua Haritası

REFAH VE BAŞARI

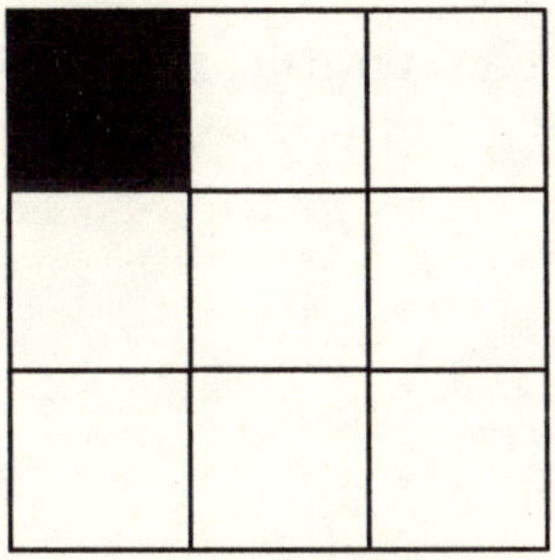

Refah ve Başarı bölgeniz, üzerinde çalıştığınız mekanın ya da yüzeyin arka sol kısmında bulunmaktadır.

I Ching'in Refah ve Başarı Hakkındaki Bilgeliği

Refah ve Başarı, I Ching'de, "Rüzgarın Israrcı Etkisi" diye çevrilebilecek *Sun* trigramı ile ilgilidir. Bu öğreti, ideal bir yol olarak refahın dürüst, güvenli ve kademeli olarak artması üzerinde yoğunlaşmıştır. Refah düzeyimizi yavaş ve kararlı bir şekilde, sabır, güven ve kendi kendini kontrol etmeyi içeren yin özellikleri de kullanarak artırmaya çalışırsak sağlam bir şirket kurabiliriz. Bu yolla, tıpkı bir kaya ya da ağaca yavaşça şekil veren rüzgar gibi gün be gün geleceğimizi parasal açıdan güvenceye almanın tadını çıkarabiliriz. Yüksek risk içeren maceralar doğaları gereği yang'dırlar ve tıpkı hızla esen rüzgarlar gibi ne yapacakları belli olmaz. Çok büyük kazançlara ya da yıkıcı kayıplara yol açma potansiyelleri vardır. I Ching'e göre, refahın kararlı ve kademeli bir şekilde artırılması, şimdiki ve gelecekteki mutluluğu güvenceye almak için en iyi yoldur.

Mutluluğu çok çeşitli şekillerde yakalayabiliriz. Yakın arkadaşlar ve iyi aile ilişkilerinin, sağlıklı olmanın ve yaratıcılık dolu yollarla kendini ifade edebilmenin çok büyük anlamı vardır. Bizim için değer taşıyan şeyleri elde etmenin ve korumanın en iyi yolu ılık bir meltemin tatlı, düzenli etkisine benzetilir. Hayatımıza bolluk ve başarı getiren kişileri, yerleri ve şeyleri kucaklarsak bu I Ching öğretisi ile de uyumlu bir halde yaşayabiliriz.

- ✓ Daha çok para kazanmak istiyorsanız;
- ✓ Özel bir amaca veya fırsata ulaşmak ya da bir şey almak için para biriktiriyorsanız;
- ✓ Ya da genel olarak, hayatınızdaki bolluk ve bereketin daha fazla farkına varmak istiyorsanız,

Refah ve başarı bölgelerinizin enerjisini artırın.

Refah ve Başarı Baguasının Kullanımı Hakkında Hikayeler

Talih Çeşmesi

Elaine, kendini çok şanslı hissediyordu çünkü, hep yaşamayı düşlediği o zengin muhitte bir ev sahibi olmuştu. Evin daha önceki sahibi olan aile iflas etmişti, bu yüzden de ev, değerinin altında bir fiyata satılmıştı. Her ne kadar evde pek çok güzel eşya varsa da, bir şeylerin yanlış olduğunu fark etmişti. Önceki sahiplerinin burada parasal sıkıntılardan kaynaklanan büyük bir stres yaşadıklarını biliyordu. Benden, taşınmadan önce eve bir göz atmamı istedi ve sonra da evi dekore etmek için ona yardım edecektim.

L şeklinde bir plana sahip olan eve bir göz attığımda, refah bölgesinin arka bahçede çamurlar içinde kalmış bir noktada olduğunu gördüm, burada gerçekten önemli Bagua düzenlemeleri yapmak gerekliydi.

Evini kare planlı yapmak için verandayı uzatması üzerine konuştuk, bu büyük bir projeydi ve gerekli parayı bir yıldan önce bulamazdı. Evin bu iflas ettirici planını değiştirmek için hemen bir çözüm bulmamız gerekiyordu.

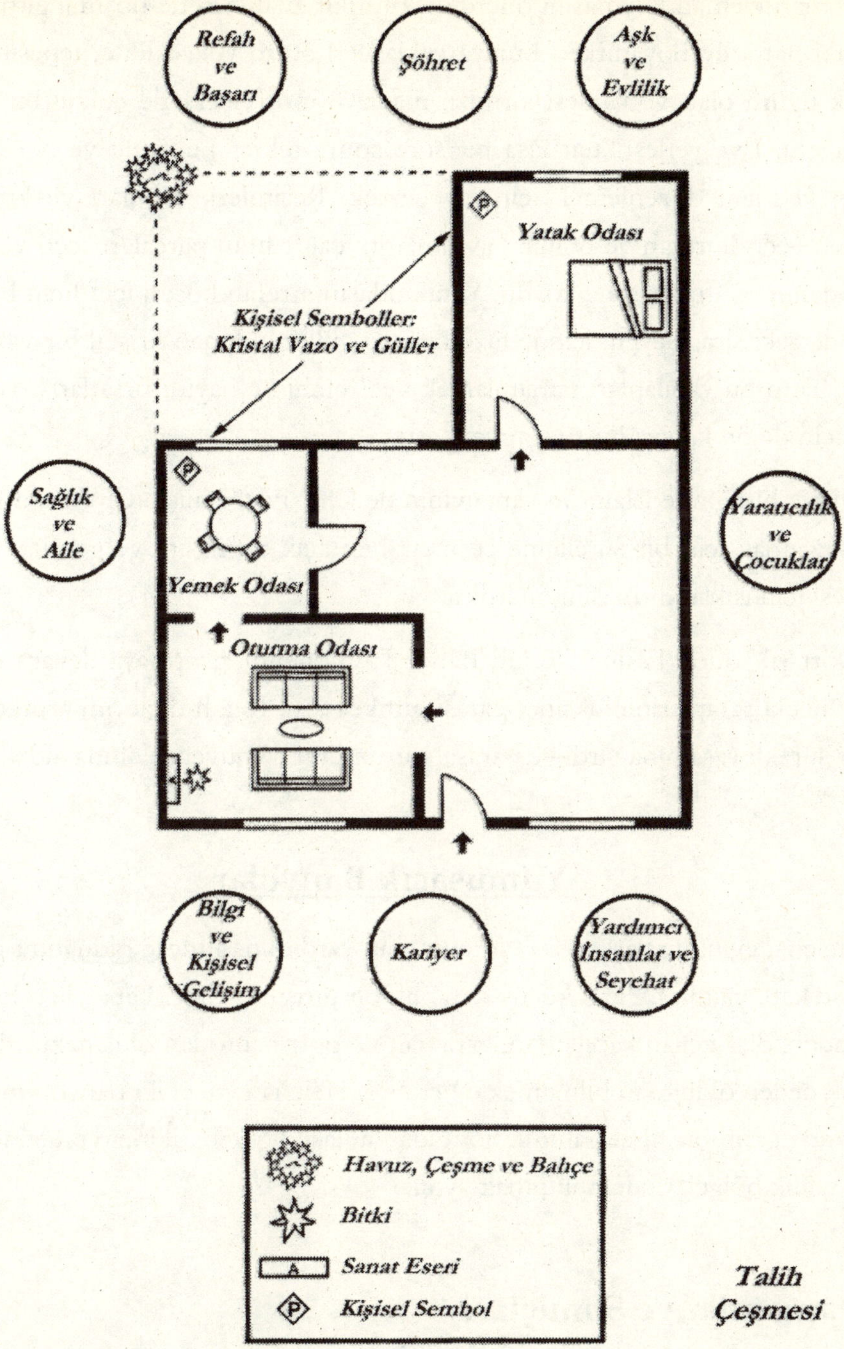

Talih Çeşmesi

Yapılanlar ve Sonuçları

Evi sembolik olarak kare planlı hale getirmek ve Ch'i seviyesini artırmak ve dolaşmasını sağlamak için refah bölgesine havuzcuk veya çeşme gibi suyla ilgili bir mimari eleman koymasını önerdim. Bu fikir Elaine'in de hoşuna gitti ve bir sonraki hafta ev boyanırken buraya yaklaşık 1,50 m yükseklikte, tepesinde bir melek figürü olan ve kaidesi kırmızı, mavi ve mor çiçeklerle çevrili bir çeşme koydurttu. Eve yerleştikten kısa bir süre sonra tekrar buluştuk ve her odanın başarı köşesini düzenlemek için evi gezdik. Resimleri, vazoları ve kristalleri gözden geçirdi, refah ve bolluk kavramlarını çağrıştıran parçaları seçti ve onları her odanın refah köşesine koydu. Yatak odasının refah köşesi için hem başarıya hem de aşkı simgeleyen, içinde taze kırmızı güller bulunan kristal bir vazo kullandı. Tüm bu yapılanları tamamlamak ve "refahı ve hayırlı fırsatları" davet etmek için de ön kapıya bir rüzgar çanı astı.

İşimiz bittiğinde Elaine'in yeni evinin de Ch'i'si değişmişti. Ch'i'nin dolaşmasını sağlamak için bir süreliğine çeşmeyi hep açık tutmasını ve geceleri de görülmesi için ışıklandırmasını önerdim.

Dört yıl sonra, Elaine "Refah Bahçesi'nin" tadını çıkarmaya devam ediyordu. Önceki sahiplerinin aksine, parası gittikçe arttı. Refah düzeyini artıracak fırsatlar sürekli yaşamına girdi ve parasal durumunu da güvence altına aldı.

Yumuşacık Banyolar

Helena, evini kiralarken biraz Feng Shui yardımına ihtiyaç olduğunu biliyordu. Üç katlı evinin ilk katı küçük karanlık bir girişten, ikinci kata çıkan bir merdivenden, dışa açılan kapılardan, garajdan ve portmantodan oluşmaktaydı. Tam olarak neden olduğunu bilmemekle beraber, Helena evdeki iki banyonun yerleri hakkında garip bir hisse sahipti. Sonradan anlaşıldığı gibi, ikinci ve üçüncü katların sağlık bölgelerinde bulunmaktaydılar.

Yapılanlar ve Sonuçları

Ch'i'nin "evden dışarı akmasını" önlemek için , alt basamağın üzerine yuvarlak yüzeyli bir kristal asmasını ve portmanto dolabının kapısına da bir boy aynası koymasını önerdim. Bu iki nesne, Ch'i'nin evin üst katlarına doğru çıkmasına ve dolaşmasına yardımcı olabilirdi. Kristali basamağın en az 2 m yukarısına asmasını söyledim, böylece yukarı çıkan hiç kimsenin gözü önünde sallanmayacaktı. Ayrıca , boy aynasını, insanlar aynaya baktıklarında başlarını görebilecekleri kadar yükseğe asmasını istedim. Ayna, girişi büyütebilir ve aydınlatabilirdi.

"Ch'i seviyesini yükseltmek için, merdivenin duvarına sana gerçekten çekici gelen bir resim asmalısın" önerisinde bulundum. "Onu her gördüğünde kalbine şarkı söyletmeli. Resmi merdivenleri izleyen ve aşağıya doğru inen bir şekilde asmamaya dikkat et. Kendi başlarına durabilecek kadar büyük olan ya da bir kaç resim ile birlikte yatay bir çizgi oluşturabilecek resimler seç."

Yukarı katlardaki enerjinin kanalizasyondan aşağı akmasını engellemek için kullanılmadıkları sırada banyolardaki deliklerin kapatılmasının önemi üzerinde konuştuk. Helena, lavabo ve duşun delikleri ile klozet kapağını kapalı tutmaya karar verdi.

"Ch'i tıpkı bir su gibi hızla akar ve açık bir kanaldan, özellikle de klozet gibi büyük bir açıklıktan akmaya eğilimi vardır" dedim.

"Yaşamsal Ch'i'nin küçücük bir miktarı bile evimden dışarı çekilemeyecek" dedi kararlı bir sesle.

Bu konuda ciddiydi. Buluşmamızın ertesi günü girişe aynayı ve kristali yerleştirdi. Evi kiralamış olmasına rağmen, esas olarak kullandığı banyodaki küvetin paslanmış ve eskimiş drenaj deliğini rahatça açıp kapayabileceği yeni bir tanesiyle değiştirmeye karar verdi. Her iki banyoyu da zengin, yumuşak renklere boyamak ve zarif pirinç aksesuarla dekore etmek için planlar yapmaya başladı.

Buluşmamızdan iki gün sonra, Helena'ya, kendisine bir seneden fazla zaman önce söz verilen bir ödeme yapıldı. Bu olayın, girişe Bagua kristali ve aynası asıldıktan hemen sonra olması onu şaşırtmıştı. Bu bir tesadüf olabilir diye düşündü ya da belki de refah Ch'i'sinin gerçekten de harekete geçtiğinin bir işaretiydi. Küvetin drenajını değiştirmek için bir tesisatçı ile anlaştı ve her iki banyoyu da zengin ve lüks gösterecek renk ve aksesuarlarla düzenlemeye başladı. Drenajın değişmesinden üç gün sonra Helena, ailesinin finans danışmanından yüklü bir çek aldı, bu para aylar önce tükendiği sanılan bir fondan gelmekteydi. İyi haberi vermek için hemen beni aradı.

"Bu inanılmaz!" diye bağırdı. "Feng Shui'nin böyle kazançlı sonuçlara yol açabileceğinden hiç haberim yoktu."

"Evini en iyi şekilde döşemedeki hevesin bunu için gerekli her şeyi sağladı" dedim. "Ch'i'yi çevrende uyumlu bir şekilde dolaşacak gibi düzenlersen, güzel olaylar meydana gelir ya da senin durumunda olduğu gibi bol para akar!"

Yeni Ev, Yeni Seçenekler

Sandy, satmak istediği eve bir göz atmamı istemişti. Çatlaklar ve küflenme nedeniyle başına sadece bela açmıştı ve şimdi de evi hakkında kötü hatıralarla doluydu. Evliliği bu evde son bulmuştu. Şimdi ise genç kızı ile birlikte başka bir evde yeni bir başlangıç yapmak istiyorlardı.

Garaja giden araba yolu dik bir yokuşla aşağıya iniyordu ve evi yol seviyesinin oldukça altındaydı, bu nedenle de sürekli olarak gölgede kalıyordu. Evin tüm planını inceledim ve refah ile aşk ve evlilik alanlarının kayıp olduklarını ve şan ve şöhret alanının arka bahçede tıpkı bir yarımada gibi çıkıntı yaptığını fark ettim.

"Bahse girerim ki işinde ve toplum içinde çok tanınan birisin" deme cesaretini gösterdim.

Sandy biraz şaşırmış bir şekilde bana baktı ve "Neden bilmiyorum ama sanırım haklısın. Yerel bir yardım cemiyetinde çok aktif bir rol oynuyorum ve işimde de fazlasıyla tanınmış biriyim. Niye sordun?" dedi.

Şan ve şöhret bölgesinin evinin arka tarafında bulunan üzeri kapalı bir sundurma ile temsil edilirken, refah bölgesinin arka avlusunun tam ortasında olduğunu ve evlilik bölgesinin de arka bahçedeki dik inen bir yamaçta bulunduğunu söyledi.

Kaşlarını çatıp, "Biliyor musun" dedi, "Parasal açıdan sürekli sıkıntıda olmama hiç şaşmamalı. Kazandığımdan daha hızlı para harcıyorum ve bunun nedeni de genellikle bu ev! Aşk ve evlilik hakkında ise konuşmak bile istemiyorum. Peki şimdi ne yapmak gerekli? Tek istediğim bu evi satmak ve buradan gitmek."

Bir sonraki saati bu kayıp alanların enerjisini düzenlemek için harcadık. İçinde canlı renkli çiçekler ve palmiyeler olan bir kaç büyük saksının refah bölgesinin Ch'i'sini güvenli ve istikrarlı hale getirmeye yeteceğine karar verdik. Aşk bölgesine ise büyük yüksek bir kuş yemi kabı koymanın vahşi doğanın canlandırıcı Ch'i'sini getireceğini ve eğreltiotları ve gölgeyi seven çiçeklerin de bu bölgenin enerjisini daha da parlaklaştıracağına karar verdik. Sandy insanların buralarda ve bahçenin alt kısımlarına doğru güvenle yürüyebilmeleri için bazı basamaklar koyması gerektiğini fark etti.

Aşağı doğru uzanan bölümün Ch'i'sini artırmak için Sandy'e evin çatısına eklemesi için iki şey önerdim. İlk önerim göze çarpacak büyüklükte ve bir kuş şeklinde olan bir rüzgar gülünü çatıya koymasıydı, diğer önerim ise çatının dört ana köşesini de aydınlatan ışıklar yerleştirmesiydi. Ön kapıya gelen yürüme yoluna toprak ve ateş elementlerini getirmek Ch'i'yi artırmak ve o bölgedeki toprağın ıslak ve çamurlu görünümünü dengelemek için yol boyunca yoğun bir şekilde sarı ve kırmızı renkli çiçekler dikildi. Bu ayrıca, evin kıyıda köşede kalmışlığını dengeleyecek ve doğru alıcıyı çekecekti.

Bir hafta sonra, Sandy ile satın almak istediği iki evi görmek için tekrar buluştuk. Biri Feng Shui açısından çok fazla sorunlu olduğu için hemen elendi. Diğeri bana özellikle ilginç geldi. Planı, satmak istediği evin planıyla tamamıyla aynıydı. Her ne kadar sokakla aynı seviyede inşa edilmişse de bu evin de refah ve aşk baguaları kayıptı ve şan ve şöhret de arkada, ek bir oda halinde çıkıntı yapmaktaydı. Sandy evin yeri, manzarası ve genel havası gibi olumlu yönlerini çok sevdi ve buradaki Bagua sorununu çözmeye karar verdi.

"Bu evi bir hale yola sokmak istiyorum. Ne yapmam gerek?" diye sordu.

En ince ayrıntısına dek çevreyi inceledik. Evin arka tarafının büyük bir kısmının üzerinde sundurma vardı, bu yüzden de aşk bölgesi büyük ölçüde sundurma tarafından örtülmüştü. Refah bölgesi ise sundurma yapıldığında yapıya dahil olmamıştı çünkü, vadiye doğru inen dik bir yamaçta kalmıştı.

"Bu bana, satmak istediğin evin refah bölgesini hatırlattı" dedim.

"Bunu kabul etmek imkânsız. Paramı tepenin birinden yuvarlanmak için harcayamam! Ne yapmalıyım?"

Yapılanlar ve Sonuçları

Sonunda uygulanması mümkün olan bir plan hazırladık. Sandy evi daha büyütecek ve tepeye teras yapacaktı, böylece hiç olmazsa üzerinde çalışılabilecek düz bir alan olacaktı. Sonrasında, bu alan tuğla ile desteklenecekti ki sabitlenmek için toprağa dayanabilsin ve gene buraya yapılacak çeşme, yerleştirilecek çiçek saksılar ve bir bank için güvenli bir yer olsun. Sandy'nin refah bölgesini sabit kılabilmek için en azından 1,50-1,60 m yüksekliğinde bir çeşme bulması gerekiyordu. Bank koymanın amacı da insanları refah bölgesine doğru yönlendirmek ve burada bir süre oyalanmaya teşvik etmekti.

Buluşmamızdan sonraki bir kaç hafta boyunca Sandy mükemmel bir çeşme arayıp durdu. Sonunda doğru olanı buldu ve onu yeni yapılmış tuğla avlusuna koydurttu. İki gün sonra, o zamana dek eline geçen en büyük parasal kazancın eline geçtiğini gördü. Şok olmuştu ve bana telefonda bunun onu neredeyse korkuttuğunu söyledi.

"Bu kadar çabuk işe yarayacağını söylememiştin" diye çığlık attı.

"Neyin olabileceğini asla kesin olarak bilemem" dedim. "Tek bildiğim, herhangi bir bagua bölgesini doğru şekilde düzenlemen durumunda çabucak sonuç alacağındır."

Sandy bir kaç dakika sessiz kaldı ve sonra "aşk bölgesini bir süreliğine kendi haline bırakıyorum. Burayı düzenlediğimde neler olabileceğini görmeye henüz hazır değilim" dedi.

Refah ve Başarı İçin Yapabileceğiniz Düzenlemeler

Refah ve başarı bölgenizin enerjisini düzenlemek için aşağıdakilerden birini ya da bir kaçını kullanabilirsiniz.

- ✓ Rüzgar çıngırakları, fırıldaklar ve bayraklar gibi "içeriye Ch'i' yi davet eden" nesneler.
- ✓ Antikalar, sanat eserleri, heykel, para ve kristal gibi değerli eşyaların alınması ve koleksiyonlarının yapılması.
- ✓ Ev, araba, tekne, malzeme, mücevher gibi arzu edilen ve güçlü bir şekilde bolluk ve bereket kavramını temsil eden şeylere ait poster, resim, kolaj, fotoğraf ve figürler.
- ✓ Mavi, mor ve kırmızı renkte nesneler.
- ✓ Begonya gibi parlak, yuvarlak, metal para şeklinde yaprakları olan sağlıklı bitkiler; gloksinya, tavşankulağı, begonya, Afrika menekşesi gibi refahı temsil eden kırmızı , mor ve mavi renklerde çiçek veren bitkiler.
- ✓ Kırmızı, mor ve mavi renklerde taze ve yapma çiçekler.
- ✓ Çeşme ve küçük şelale gibi suyun kullanıldığı ve bol para akışını ve başarıyı temsil eden mimari özellikler.
- ✓ Refah ve başarı ile ilgili sözler ve deyişler.
- ✓ Yeni girilmiş bir işten kazanılmış bir banknot, başarılı bir geziden kalmış yabancı bir para, v.s. .. gibi refah ve başarı ile kişisel bağı olan şeyler.

Refah ve Başarı İçin Onaylamalar :

Aşağıdaki listeden hoşunuza giden sözleri seçip yazın ve onları evinizin, ofisinizin ya da masanızın refah ve başarı bölgesine/köşesine koyun. Ya da isterseniz, bu sözleri bir rehber olarak alıp kendi sözlerinizi yaratabilirsiniz.

Ben her bakımdan zengin ve başarılı biriyim.

Yaşamımın genel olarak rahat ve başarılı bir gidişatı var.

Sağlık, zenginlik ve mutluluk hayatımı sürekli olarak renklendirir.

Refah ve başarı, şimdi ve her zaman hayatımı kolay ve neşeli hale getirmektedir.

Çok şükür ki hayatımda düzenli ve bol miktarda para akışı var.

Bagua Haritası

ŞAN VE ŞÖHRET

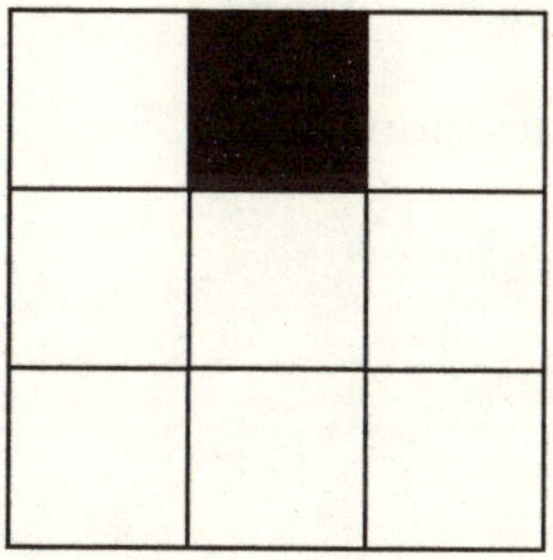

Şan ve şöhret bölgeniz üzerinde çalıştığınız mekanın arka tarafında refah ve başarı ile aşk ve evlilik bölgelerinin arasında bulunur.

I Ching'in Şan ve Şöhret Hakkındaki Bilgeliği

Şan ve şöhret, "yapışan ateş" anlamına gelen I Ching'in *Li* trigramı ile ilgilidir. Ateşin özelliklerinden biri de yaktığı her şeye yapışması, onu sarmasıdır ki bu, toplum içinde nasıl tanındığımızla bağdaşan doğal bir durumdur. İyi de olsa kötü de olsa, sahip olduğumuz ünü bir çırpıda silip atmak kolay değildir. Diğer insanların kalbine ve zihinlerine bizi ısıtacak ya da yakacak şekilde sıkıca yapışır. İyi bir ünümüz varsa çevremizle dostça ilişkiler kurulur, güvenli ve mutlu bir gelecek sağlamak için en iyi şans yaratılır. Başkalarına destek olur ve onların yardımlarını kabul ederek yaşarsak iyi bir şöhret de garantilenmiş olur. Bu da, dünyamızı sadece güven ve dürüstlük olduğunda meydana gelen güçlü bağlara ve iyi fırsatlara doğru yönlendirir. Yaşamımız, iyi istekle, "aydınlatılır". Sadece çevremizle iyi ilişkiler kurmak yapılacak en akıllıca iştir. Eğer "köprüleri yakmayı" ve arkadaşlarımızla ve toplumla olumlu bir ilişki kurmaya özen göstermessek, geleceğimiz de tehlikeye atılmış olur. Kendimizi kuşkular içinde ve yalnız bulabilir, desteksiz ve önemsenmeyen biri olabiliriz. I Ching bize tanındığımız konu hakkında dikkatli olmamız gerektiğini hatırlatır, böylece üzerimize uzun bir süre boyunca yapışıp kalır.

Eğer,

- ✓ iş yerinde veya evde daha fazla göze çarpmak istiyorsanız,
- ✓ toplum içerisinde iyi bir ün kazanmak isityorsanız ya da
- ✓ yaptığınız bir şey sebebiyle adınızın duyulmasını istiyorsanız,

Şan ve şöhret bölgesinin/köşesinin enerjisini güçlendirin.

Şan ve Şöhret Baguasının Kullanımı Hakkında Hikayeler

Duvardaki Aynalar

Lee, 12 yaşındaki oğluyla birlikte bir seneden beri bir çiftlik arazisi içinde bulunan küçük bir evde yaşamaktaydı. Oğlu çok başarılı bir öğrenciydi ve birlikte bir çok yaratıcı projenin de tadını çıkarmaktaydılar, sağlığı da mükemmeldi. Fakat, mesleğinde parlak bir teknik yazar olarak, karşısına ilginç projelere katılmak için başka fırsatların çıkmasından memnun olacaktı. Halbuki patronu onun ne kadar yetenekli olduğunu göz ardı ediyor ve ona seviyesinin altında işler veriyordu. Başka bir kaç şirkete daha başvurmasına ve örnek olarak en iyi işlerinden bazılarını göstermiş olmasına rağmen hiç biri ilgilenmemişti. Lee bana, "bu eve taşınmadan önce karşıma çıkan fırsatların sonu gelmiyordu" dedi. "Lütfen gelip neler olduğunu bana söyler misin?"

Lee'ye gittiğimde küçük evinin tam bir dikdörtgen olduğunu fark ettim. Odaların arasında dolaşırken sıcak bir hava hissediliyordu, duvarlar yakınlarının fotoğrafları ve raflarla doluydu. Şan ve şöhret bölgesinin tam üzerinde bulunan banyoya gittiğimizde sorun anladım. evin geri kalanından farklı olarak banyonun pek çok düzeltmeye gereksinimi vardı. Yırtılmış duvar kağıtları ve koyu renkli su lekeleri duvarı çirkinleştirmişti. Havada ağır bir küf kokusu vardı. Fakat ecza dolabının aynasının yeri acilen değişmeliydi. Klozetin çok az yukarısına asılmıştı ve ona baktığımda sadece göğsümden aşağısını görebiliyordum, Lee'den aynanın önünde durmasını istedim. Görüntüsü boğaz seviyesinde kesilmekteydi.

"Bu aynayı kullanıyor musun?" diye sordum.

"Oh, evet, kendime bakmak için burada eğilirim." Daha konuşurken farkına vardıkları nedeniyle gözleri büyüyüvermişti. "Her gün kendimi görmek için burada eğilmemin konuyla bir ilgisi olduğunu mu kastediyorsun? Aman Tanrım, bunu nasıl düzeltebiliriz?"

Yapılanlar ve Sonuçları

Lee, bir havluyla ecza dolabının aynasını örttü. Odanın içindeki Ch'i hemen daha iyi bir hal aldı. Dolabı çıkarıp yerine kendisi için şan ve şöhreti simgeleyen bir resim koymasını önerdim. Parlak kırmızı renkte kalemlerin ve güzel kağıtların olduğu bir fotoğraf koymayı düşündü. Ayrıca hem zemini hem de duvar kağıtlarını en kısa sürede yapıştırmasını söyledi ve şan şöhret bölgesinde kırmızının her zaman çok iyi sonuç verdiğini hatırlattım. Her şeyden önce burası onun "Şöhret Salonu" idi ve sıcak ve canlı Ch'i ile doldurulması gerekiyordu. Kendisine, kullanılmadıkları sırada klozet kapağını kapalı tutmasını ve lavabo ile banyo küvetinin deliklerini tıkamasını hatırlattım, böylece Ch'i de boşa akıp gitmeyecekti. Daha sonra da aydınlatma hakkında konuştuk. Lambalardan biri, o sırada lavabonun üzerinde bulunan aynayı yarı karanlıkta bırakmaktaydı. Aynanın hemen üzerine ışıklar yerleştirmeye ve aynayı baş seviyesine kadar yükseltmeye karar verdi.

Lee, banyoyu iki hafta içinde değiştirdi. Bu değişim sırasında her gün loş bir ışıkta alçak bir aynanın önünde eğildiğinde kendini ne kadar "küçük" hissederek güne başladığının farkına vardı. Kendisinin diğer insanlarla birlikte çalışırken çekilmiş fotoğraflarından bir kolaj yapmaya ve bunu da kırmızı bir çerçeve içine koyarak ecza dolabının olduğu yere asmaya karar verdi. Banyodaki halıyı kaldırdı, duvar kağıtlarını söktü, duvarları parlak beyaza boyadı ve yeni kırmızı havlular satın aldı. Ayrıca lavabonun üzerindeki aynayı aydınlatmak için üç tane küçük hareketli lamba yerleştirdi. Bir kaç hafta sonra karşısına harika bir fırsat çıktı. Lee'ye özel bir yüksel okulun ders programını tasarlaması ve yazması önerildi, bu proje onun için hem kazançlıydı hem de bir meydan okumaydı. Bu ders programını hazırlarken yeteneğinin farkına varan kişilerle tanıştı ve ona eğitimle ilgili bir proje önerdiler. Lee yerini bulmuştu ve bir teknik yazar olarak şöhreti tekrar artmaya başladı.

Artık Bu Kadarı da Fazla

Sharon, bir arkadaşından Feng Shui'nin onun içine düştüğü ikilemi çözmesinde yardımcı olabileceğine yardımcı olabileceğini duymuştu ve bana başvurdu. Görünüşe göre, kendisi ne kadar çok tanınırsa kocası Al da o oranda mutsuz oluyordu. Sonunda işler 20 yıldan fazla süren evliliklerinin sarsılması noktasına dek gelmişti.

Evin içini Feng Shui açısından incelemeye başlamadan önce, "Kocam, bu kadar çok dikkat çekerken iyi para kazanabilsem kendisinin de daha mutlu olacağını söylüyor" dedi ağlamaklı bir sesle.

"Nasıl bu kadar ünlü oldunuz?" diye sordum.

"California mutfağı! Bir kaç yemek kitabı yazdım ve sürekli olarak imza günlerine ve radyoda talk show'lara çağrılmaktayım. Ayrıca evde, yemek pişirme dersleri de veriyorum. Bu nedenle mutfağı yeniden dekore ettik."

Feng Shui uyarıcım harekete geçti. "Hadi mutfağa bir göz atalım" diye önerdim.

Büyük mutfaklarını dolaştık. Bir zamanlar dikdörtgen planlı olan evleri, mutfakta yapılan değişiklikle şan ve şöhret bölgesinde dışa doğru taşma yapmıştı. Bu da refah ve başarı bölgesi ile aşk ve evlilik bölgesini içeride bırakmıştı ve yerlerini alacak gerçek ya da sembolik bir yapı da yoktu.

Gördüklerimi açıkladım. Sharon sıkıntılı bir bakış attı. " Evin arka kısmının tamamını büyütmemiz gerektiğini biliyordum, fakat bunun için iyi bir neden yok gibi gözüküyordu ve çok daha pahalıya patlayacaktı. Görünen o ki, tıpkı daha önceden olduğu gibi evi yenilemek için çok para harcamam gerekecek. İnsanlar ya ismimi duyuyorlar ya da beni bir yerlerde görüyorlar, sonra da indirimli fiyattan ya da bedavaya ders almak istiyorlar. Bir sürü acıklı hikaye duyuyorum!"

"Evin şöhretini yansıtıyor, cüzdanını değil ve insanlar da buna kanıp senden iyilik bekliyorlar," yorumunu yaptım. "Bu aslında düzeltilmesi kolay bir durum. Senin ve kocanın mutfağı genişlettiğinizde dışarıda kalan iki bölgeyi de güçlendirmeniz gerekli."

Al da bize katıldı ve tüm olasılıklar üzerinde konuştuk. Refah ve başarı bölgesine betondan sade bir avlu yapmayı ve insan boyunu aşan ağaçlar koyma düşüncesini beğendiler. Mutfakta da çimenliğe açılan bir kapı vardı. Böylece bu kapı avluya açılacaktı. İnsan boyunu aşan ağaçlar belli bir yapısal sağlamlık verecek ve üzüm asmalarının büyümesi için gerekli olan yeri ve gölgeyi sağlayacaktı. Aşk bölgesine, yasemin gibi hoş koku veren çiçeklerden iki tane ekmelerini ve bunların ağaca dokunarak büyümelerine izin vermelerini önerdim. Refah bölgesinde mor ya da kırmızı renkte çiçek açan asmalar en iyi sonucu verecekti.

Evin geri kalanına da baktık. Genel olarak odadan odaya uyumlu bir şekilde akan Ch'i sayesinde hoş ve düzenliydi.

Esas yatak odası tamamıyla maviye boyanmıştı, koyu renkli ahşap eşyalar vardı. Oturma odalarında ahşap elementi hakimdi ve her şeye karşı belirgin bir soğukluk hissediliyordu. Kayısı rengi, pembe veya şeftali rengi gibi sıcak pastel renkler kullanarak metal ve ateş elementlerini güçlendirmelerini ve odanın element dengesini düzenlemelerini söyledim. Burayı biraz daha sıcak hale getirmek için yeni masa örtüleri ve sıcak tonlarda yuvarlak şekilli yastıklarla başlayıp sonra da duvarları sıcak tonlara boyayabilirlerdi.

Oturma odasındaki resimlere bakarak gezimizi bitirdik. Her ikisinin de seçtikleri resimlerden hoşnuttular ve resimlere bakarken hissettikleriyle de mutluydular. Orayı terk ederken Al'ın kolunu Sharon'a doladığın gördüm, bu iyiye işaretti.

Yapılanlar ve Sonuçları

Al, bir veranda yapma projesini çok ciddiye aldı ve bir ay içinde planlayıp bitirdi. Sharon'la birlikte üzüm asmaları ekip, verandayı saksı bitkileri ve sade mobilyalarla döşediler. Bundan kısa bir süre sonra, Al'ın işlerinde şaşırtıcı bir gelişme oldu. Karlı bir iş önerisi alıp altı ay için başka bir şehre gitti. Bu süre boyunca Sharon'la yaptığım konuşmalardan eşinin geçici bir süre için yer değiştirmesinden çok hoşnut olduğunu da anladım.

"Neredeyse her hafta sonu eve geliyor ve bu da tıpkı bir balayına dönüşüyor. Aşk hayatımı yıllardan beri bu kadar iyi olmamıştı. Hafta boyunca her ikimiz de meşgul oluyoruz. Akşamları, onun hayatına hiç müdahele etmeden yemek pişirme sınıfımı devam ettiriyorum. Bu gerçekten de harika . Yatak odamızı da hafta sonları kullandığımız bir aşk yuvasına dönüştürdüm. Odanın içinde hem gerçek hem de sembolik anlamda hiç mavi renk kalmadığını bilmek seni memnun eder herhalde."

Şan ve Şöhret İçin Yapabileceğiniz Düzenlemeler

Şan ve Şöhret bölgesinin enerjisini düzenlemek için aşağıdaki maddelerden birini ya da bir kaçını seçebilirsiniz :

- ✓ Diplomalar, ödüller ve takdir belgeleri
- ✓ Deri, kuş tüyü, yün ve kemik gibi hayvansal malzemeden yapılmış eşyalar
- ✓ Hayvanların, insanların, ateşin, güneş ışığının ve sevilen ünlülerin posterleri, resimleri, kolajları, fotoğrafları ve figürleri.
- ✓ Kırmızının tonlarında renge sahip eşyalar
- ✓ Üçgen, konik ve piramidal şekilli eşyalar

- ✓ Güneş ışığı, mum, elektrik ışığı, yağ lambalarıyla elde edilebilecek her tür güzel aydınlatma
- ✓ Şan ve şöhretle ilgili söz, onaylama ve deyişler
- ✓ Ödül, diploma, mükafat gibi şan ve şöhretle kişisel ilgisi olan şeyler.

Şan ve Şöhretle İlgili Onaylamalar :

Beraber çalıştığım insanlar tarafından ve çıkardığım iş nedeniyle her gün onurlandırılmakta ve saygı duyulmaktayım.

İçinde yaşadığım toplumun üyelerinin başarım için verdikleri desteğin ve duydukları coşkunun tadını çıkarıyorum.

Becerilerim, yeteneklerim ve başarılarım dolayısıyla iyi tanınıyor ve saygı görüyorum.

Gittikçe daha fazla sayıda insan beni dürüst, güvenilir ve şefkatli olarak tanıyor.

Bagua Haritası

AŞK VE EVLİLİK

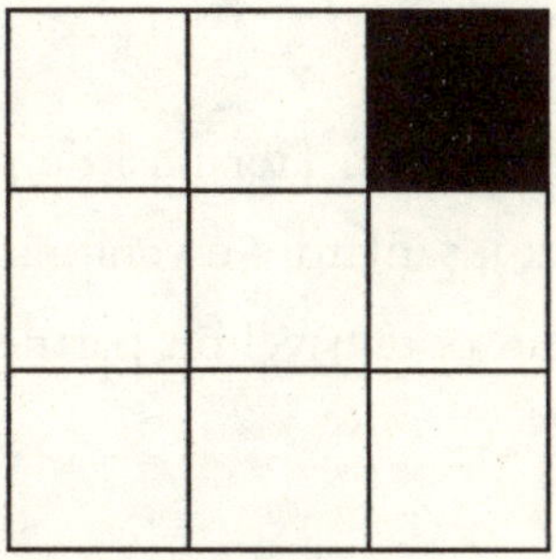

Aşk ve Evlilik Bagua bölgesi, üzerinde çalıştığınız yapının sağ arka köşesindedir.

I Ching'in Aşk ve Evlilik Üzerine Bilgeliği

Aşk ve evlilik, I Ching trigramında, "Kabullenici Toprak" diye çevrilebilecek *K'un*'un egemenliği altındadır. Tüm trigramların en yin'i ya da en fazla boyun eğen elmanı olarak K'un, gerçek aşk ve mutlu bir evlilikte bulduğumuz uyum sağlamak ve koşulsuz destek verme nitelikleriyle bağdaştırılır. Aşk ilişkileri, kabullenerek teslim olma sayesinde gelişirler, taraflardan her ikisi de tam anlamıyla gelişmek ve kendilerini ifade etmek için diğerini destekler ve ona anlayışlı davranır. I Ching, her iki taraf ta karşılıklı olarak birbirlerinin yolunu destekler, birbirlerine güvenir ve birbirlerini oldukları gibi kabullenirlerse ilişkinin rahat yürüyeceğini ve mutluluğun sağlanacağını öğretir.

Aynı besleyici, destekleyici durum kendinizi tam anlamıyla sevdiğinizde de söz konusudur. Neye ihtiyaç duyduğunuzu anlamak için zaman ayırırsınız ve sonra da bunu kendinize verirsiniz, bu, sıcak bir banyo , bir kursa yazılmak ya da hafta sonu ormana gezmeye gitmek olabilir.

✓ Bir aşk ilişkisi yaşamak istiyorsanız

✓ Şu anki ilişkinizi daha iyi bir hale getirmek istiyorsanız ya da

- ✓ Kendi kendinizle daha sağlıklı, mutlu bir ilişki kurmak veya bu ilişkiyi geliştirmek istiyorsanız,

Aşk ve evlilik bölgenizin enerjisini güçlendirin.

Aşk ve Evlilik Bagua'sının Kullanımı Hakkında Hikayeler

Aşk Işığı

Donna ve Jay, aynı ikilemi paylaşan iki oda arkadaşıydılar. Her ikisi de ilişkilerini yürütmeyi başaramıyorlardı. Her ikisi de çekici insanlardı ve yeni insanlarla tanışmak istiyorlardı. Fakat ne zaman ikisinden biri potansiyel bir partnerle karşılaşsa, bir sorun çıkıyordu.

"Onun evli olduğunu anladım..."

"Bana nişanlı olduğunu söyledi..."

"Çıktığı üç kadın daha var ve onlardan biri de benim en iyi arkadaşım!"

"Buluştuğumuzda erkek arkadaşını bekliyordu..."

Bu türde talihsiz buluşma hikayeleri hiç durmadan sürüp gitmekteydi.

İlginç bir tesadüf eseri olarak, Donna evini eski kocasıyla birlikte almıştı. Büyük bir yatak odası eklemeye karar vermişlerdi ve bu oda tamamlandıktan bir yıldan kısa bir süre sonra da ayrılmışlardı. Evin planın L'ye çevirdiklerini ve bunun da Bagua'yı etkilediğini bilmiyorlardı. Böylece aşk ve evlilik bölgesi de arka bahçede yer almıştı ve onu destekleyen ne bir sundurma ne de bir çardak vardı.

Evinin aşk ve evlilikle ilgili Bagua bölgesinin kayıp olduğun açıkladığımda Donna'nın benzi attı."Evliliğimin bu nedenle sona erdiğini söylemiyorsun ya?" derken sesi giderek zayıflamaktaydı.

"Bu etki eden nedenlerden biri olabilir" dedim. "Şimdi bu bölgeyi dengelemek ve güçlendirmek için elimizden geleni yapalım ve aşk hayatınızda neler oluyormuş görelim."

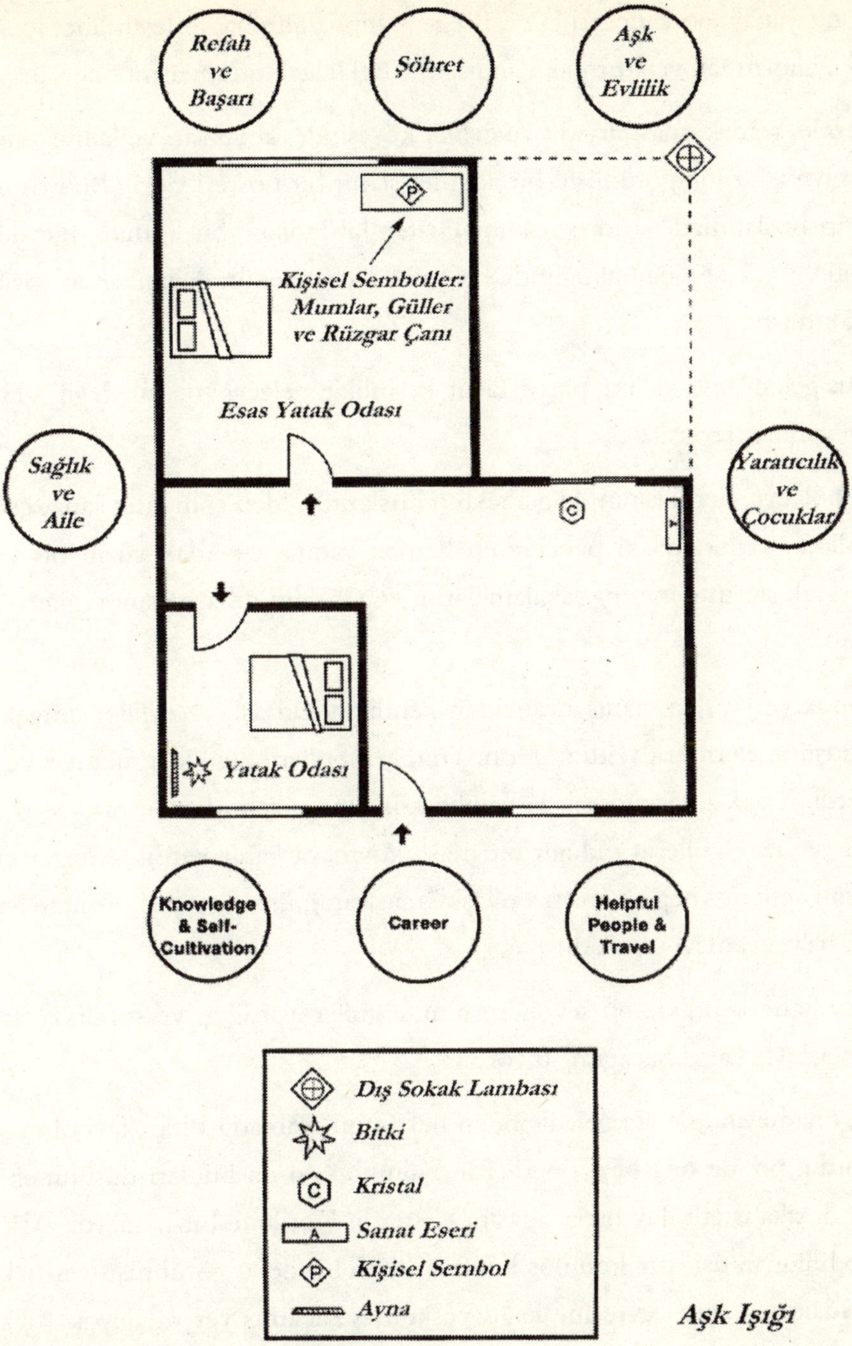

Aşk Işığı

Yapılanlar ve Sonuçları:

Donna'nın bütçesi, büyük çaplı düzenlemeler için yetersizdi, bu nedenle evin uzatıldığı köşeye ve dışarı bir sokak lambası koymaya karar verdi. Neyse ki,

Jay bunu yapabilecek beceriye ve isteğe sahipti. Lamba yerleştirilince çökmüş Ch'i'yi aydınlatmak ve artırmak için ışığın sürekli açık tutulmasını önerdim.

İçeride, yemek odasının aşk ve evlilik köşesinde, koyu sarı ve kahverengi bir elbise giymiş üzgün görünüşlü bir adamın soyut bir posteri vardı. Bu posterden hoşlanıp hoşlanmadıklarını sordum. Poster Jay'indi ve bu konuda hiç düşünmemişti. Şimdi ise ona baktığımda bir yalnızlık ve hüzün duygusunun yayıldığını fark etmişti.

"Bu, geçmişime ait bir parça fakat kesinlikle geleceğime ait değil" diyerek posteri yerinden söktü.

Bu bölgeye, her ikisinin de gerçekten hoşlarına giden romantik sanat eserleri koymalarını ve doğudaki pencerenin hemen yanına yuvarlak yüzlü bir kristal ayna asarak sabah güneşini yakalamalarını ve Ch'i'nin dolaşmasını sağlamalarını önerdim.

Donna ve Jay'den, hangi nesnelerin kendileri için aşk ve evliliği simgelediklerini düşünmelerini rica ettim. Donna'nın sembollerinden ikisi mumlar ve taze çiçeklerdi. Yatak odasının aşk ve evlilik köşesine, üzerinde kırmızı ve pembe mumlar ve taze güllerin olduğu bir masa koymaya karar verdi. Rüzgar çıngıraklarının seslerini hep sevmişti ve "aşk" masasının üstüne güzel bir tane asarak oraya Ch'i'yi çekmeyi tasarladı.

"Her hafta kendime en sevdiğim renkte güller alacağım ve sonunda da hayatımın aşkıyla karşılaşacağım" diyordu.

Jay, ona neyin aşkı simgelediğinden pek emin olamadı. Biraz kaybolmuş görünüyordu, biz de ona bazı önerilerde bulunduk, o da bunları düşünmek için bir kaç dakika istedi. Jay bana odasını gösterdi. Korkunç bir haldeydi. Aşk köşesinde bulunan üst üste konmuş kutular odaya bir depo görüntüsü vermekteydi. Odadaki tek eşya çevresine kağıt ve kumaş saçılmış yer yatağıydı. Açıkçası Jay'in odasının birden fazla romantik düzenlemeye ihtiyacı vardı. Temel eşyaların alınmasını ve bunların doğru bir şekilde yerleştirilmesini içeren bir plan yaptık.

"Yattığın yerden kapıyı görmek istiyorsun, fakat şimdi olduğu gibi yatağını doğrudan kapının önüne doğru kurmamalısın. Öncelikle yatağını oradan kaldır ve aşk ve evlilik köşesinde bulunan kutuları da başka bir yere taşı. Sonra ilham geldiğinde aşk köşesini düzenle. Ne yapılacağını tam olarak bileceksin" diye tavsiyede bulundum.

İşe koyuldular ve bir hafta içinde sokak lambası yerleştirilip, dışarıdaki aşk ve evlilik bölgesinde ışık saçmaya başladı. Jay, yer yatağını daha tercih edilir bir yere çekti ve kutuları da garaja kaldırdı. Unutulup bir köşeye kaldırılmış ve bir zamanlar büyükbabası ve büyük annesine ait olan çerçevesi süslü bir aynayı hatırlayana dek ona neyin aşk ve romantizmi simgelediğini hatırlamaya çalıştı. Dedesi ve büyükannesi 50 seneyi aşkın bir süre boyunca mutlu bir evlilik sürdürerek kuşkusuz büyük bir aşk örneği olmuşlardı. Aynayı astı ve ona romantik kaçışları anımsatan güzel bir palmiyeyi de aynı köşeye ekledi. Bu arada, Donna'nın mumları, gülleri ve rüzgar çanları hazırlanmıştı ve yemek odası içinde güzel bir resim aranmaktaydı.

Buluşmamızdan sekiz gün sonra Donna, yaklaşık üç ay önce bir partide tanıştığı çekici bekar bir erkekten bir telefon aldı. Telefonunu daha yeni bulabilmişti ve cumartesi günü sahilde bir yürüyüş yapmak isteyip istemediğini soruyordu. Evet! Çok mutluydu, koşarak dışarı çıktı ve sokak lambasının çevresinde dans etmeye başladı. Bir yandan da "Ch'i harekete geçti" diye çığlıklar atıyordu.

Jay'in de çok beklemesi gerekmedi. Markette alışveriş yaparken biriyle karşılaştı ve görünüşe göre o anda aralarında bir ateş alevlendi. Kahkahalar içinde anlattığı hikayeye göre o ve kız arkadaşı kumsalda sevişirlerken polis tarafından yakalanıp sorguya çekilmişler.

Bu kadarla da kalmadı. Bir ay sonra, Donna pek çok erkeğin o kadar dikkatini çekmeye başlamış ki, gündüzleri "aşk ışığını" kapalı tutmaya karar vermişti. Jay, sevgilisi tarafından büyülenmiş gibiydi ve ona, yatak odalarını beraberce Feng Shui'leştirmek gibi büyük yardımlarda bulundu.

Donna ile son konuşmamızda Jay ile kız arkadaşının beraber bir ev tutmaya karar verdiklerini ve kendisinin de nişanlısı ile birlikte bir başka eyalete taşınacağını söyledi. Bana yemek odasına başka hiç bir resim koymadıklarını söylediğinde ikimiz de karşılıklı gülüştük. Eve daha fazla romantik Ch'i'nin davet edilmemesinin daha iyi olacağına karar vermişlerdi.

Aşk İçin Zaman Ayırmak

Jenny aşk hayatında hayal kırıklığına uğramıştı. "Romantik ilişkilerimin hiç sonu gelmeyecek gibi görünüyor" dedi iç geçirerek. "Çıktığım çocuğa onu artık görmek istemediğimi söylemek üzereyim çünkü yürümüyor."

Jenny, iki katlı güzel bir evde oturuyordu ve oturma odası modern ve antika eşyalardan oluşturulmuş bir karışımla zevkli bir şekilde döşenmişti. Aşk ve evlilik köşesinde ise bir şömine bulunmaktaydı.

"İlişkilerinin uzun sürmeyen, hızlı, harlı ateşler gibi mi olduğunu mu söylemek istiyorsun?" diye sordum.

"Evet, öyle denebilir, genellikle çok canlı başlıyor, sonra ise sanki hız kaybediyor ve ilgimi kaybediyorum..."

Jenny'nin şömine rafının üzerine koyduğu nesneleri inceledim. Kurutulmuş çiçeklerden yapılmış iki adet çok güzel ve birbirinin aynı fantezi çiçek düzenlemesi vardı. Her iki uçta da birer nöbetçi gibi duruyorlardı. Ortada, rafın büyük bölümünü kaplayan ve büyük, siyah mermerden yapılmış kırık bir antika saat vardı.

"Saatin ne zamandan beri çalışmıyor?"

"Oh, hiç bir zaman çalışmadı, hatta bir tamirci onu tamir ettiğini iddia ettikten sonra bile . Hep bir başkasına vereceğimi söyleyip duruyorum fakat çok ağır ve hantal olduğu için veremedim.

Jenny'ye şöminenin onun aşk ve evlilik bölgesinde olduğunu açıkladım, sona da kendisinden şömine rafının önünde durmasını ve ne gördüğünü söylemesini istedim. Alaycı bir ifadeyle, "Çalışmayan bir şey tarafından ayrılmış iki kişi görüyorum. Korkutucu değil mi?" dedi.

Yapılanlar ve Sonuçları :

Jenny, şömine üzerindeki rafa doğru yürüdü ve büyük bir çaba sarfederek saati kenara itti. Sonra çiçekleri, saksıları ve folyo kağıtları birbirine değecek kadar yakın bir şekilde tam ortaya yerleştirdi. Sonucu görmek için geriye bir adım attı.

"İşte bu bir farklılık yarattı, fakat bu saat gitmeli" dedi. Daha ona yardım etmeme fırsat kalmadan saati rafın üzerinden kaldırdı. Tam bu sırada saatten tıkırtı sesleri gelmeye başladı. Jenny'nin yüzünde tam bir şaşkınlık ifadesi belirmişti. "Şimdiye dek hiç çalışmamıştı" diye fısıldadı, bu sırada kollarında saatle uzaklaşmıştı. Onu bir masanın üzerine bıraktı ve önce saate sonra da bana uzun uzun baktı.

"Tıkırtı sesi devam ederken, "Bu da ne demek oluyor şimdi?" diye sordu.

"Sence ne demek?" diye bir karşı soruyla cevap verdim.

Şaşkın bir halde ve gözleri büyümüş olarak, "Sanırım bu saati tamir ettirmemin tam zamanı. İlişkilerimi nasıl yürüdüğünün bir sembolü bu!" dedi.

Evin geri kalanına da baktık. Yatak odasının aşk köşesinde ipekten bir çiçek aranjmanı vardı. Bu aranjmanda ilk göze çarpan, karşıt yönlere bakan iki güldü. Bunu ona gösterdiğimde hemen çiçeklerin yüzlerini birbirlerine bakar hale getirdi. Ayrıca, biri yatakta diğeri de iskemlede duran iki oyuncak ayı vardı. Onları çalışma odasının aşk ve evlilik köşesinde, kitap raflarına kitap desteği olarak koymasını önerdim. Yatak odasındaki oyuncak ayılar hala onun içinde en gizli yerde bulunan ve bir başka sevgiliye yer açmayan birinin sembolüydüler. Ayrıca, yeni aşk hayatına başlamasının bir işareti olarak pembe, kayısı ya da şeftali rengi gibi sıcak renklerde çarşafları almasını önerdim. İstediği her yere, özellikle de aşk ve evlilik köşelerine mumlar ve çiçekler gibi çift olan nesneler koyabilirdi. Bunlar Ch'i'yi güçlendirecek ve Jenny'ye gerçek aşkın ona çok yakın olduğunu hatırlatan mekansal onaylayıcılar görevi göreceklerdi.

Jenny'nin çalışma odasına da baktık. Masasında gene çalışmayan bir saat bulunmaktaydı, hem de tam aşk ve evlilik köşesinde. Saatin tam altında hüzünlü bir ifadeye sahip bir kadının resmi vardı.

"Buna inanabiliyor musun?" diye bağırdı."İşlemeyen bir saat daha ve şu kadına bir bak. Bana kendimi hatırlatıyor! Saati masanın üzerinden çekip aldı ve arkasına sakladı. Her ikimiz de gülmeye başladık.

"Feng Shui gözlerinden saklanacak hiç bir yer yoktur" dedim.

Bir sonraki gün Jenny, saatleri tamire verdi. Tekrar çalışmaya başladıklarında, büyük olanı çalışma odasının kariyer köşesine koydu. Resmi de bir çifti tasvir eden daha küçük bir tanesiyle değiştirdi ve bunu da şöminenin rafına yerleştirdi. Şömine rafını, bir çift kristal şamdan ve küçük boyutlu, yağlı boya bir kalp resmi ile daha da güzelleştirdi.

Tüm bu düzenlemeler yapıldıktan sonra Jenny bir parti düzenlemeye karar verdi. Kutlama gecesinde kız arkadaşlarından biri partiye kardeşi Jason'un da gelip gelemeyeceğini sormak için ona aramıştı. Üçü de olabilecekleri tahmin etmişlerdi. Jason ve Jenny birbirlerine aniden vuruldular. Jason'un yorumu şöyleydi; "Tam vaktiydi. Özel birine nasıl rastlayacağımı düşünüp duruyordum ve işte sen buradasın..."

Tomurcuk Halindeyken Budamak

Meg ve David evleneni bir yıldan az bir zaman olmuştu. Onları parasal açıdan çok zorlasa da bir ev sahibi olmak için küçük apartman dairelerinden vazgeçmişlerdi.

Meg evin kötü bir Feng Shui'si olduğuna inanıyordu, çünkü evin eski sahipleri burada yaşarlarken pek çok kereler ayrılıp barışmışlardı. Bir görüşme ve öneri istedi.

Ev şehir dışında, bahçesi olmayan binalardan biriydi. Çatlamış, kireçli toprakta sadece en sert yabani otlar yetişebiliyordu. Garaj evden dışarı doğru bir çıkıntı yapıyordu ve bilgi ve kendini geliştirme bölgesi ile aşk ve evlilik bölgesini binanın dışında bırakmaktaydı. Hepimiz, Ch'i'yi dengelemek ve güçlendirmek için bir şeyler yapılması gerektiğine dair fikir birliğine vardık.

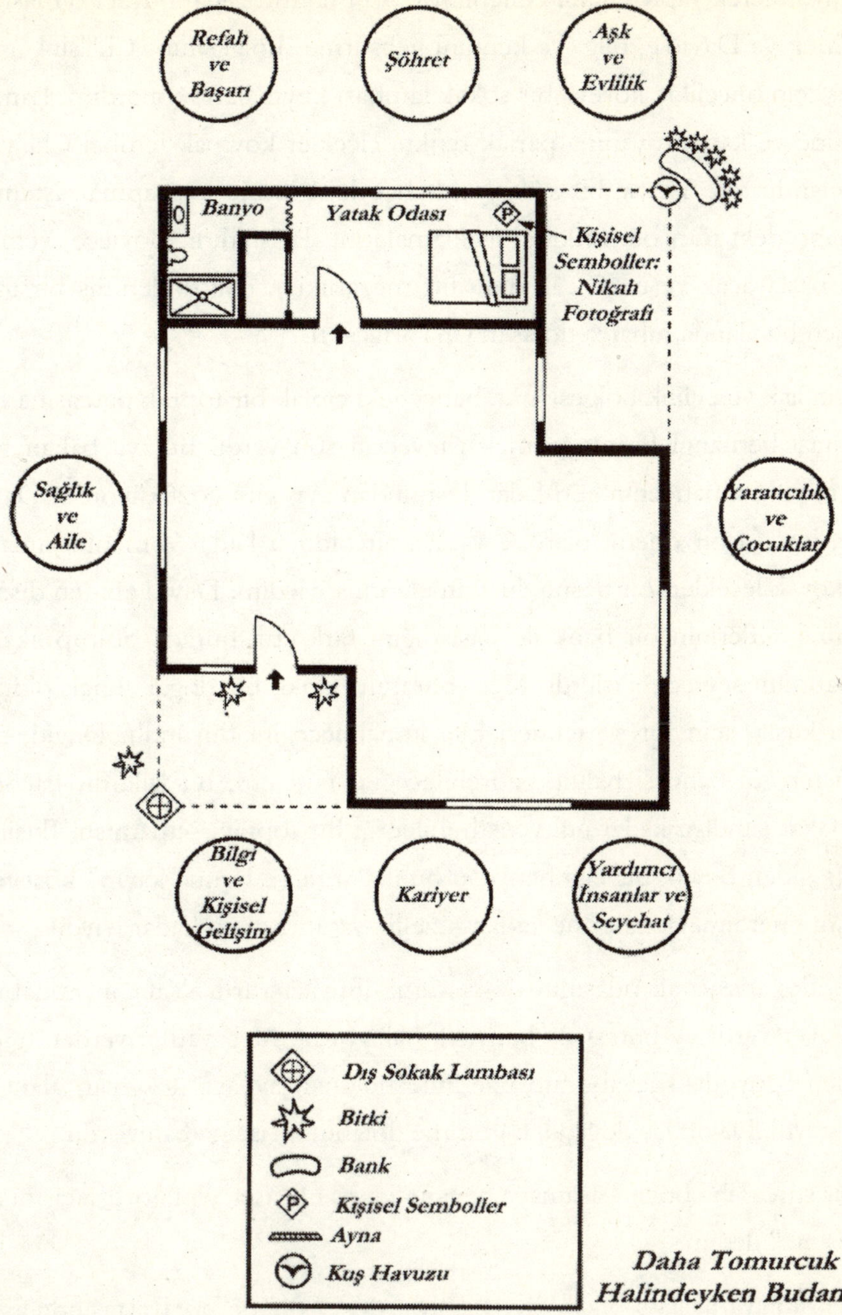

Daha Tomurcuk Halindeyken Budamak

Yapılanlar ve Sonuçları :

Bu iki kayıp bölgenin enerjisini nasıl güçlendireceğimiz hakkında uzunlamasına konuştuk. Bilgi bölgesi ön iç avlunun kenarındaydı ve burada bulunan çardak büyütülerek yapıya dahil edilebilirdi. Ön tarafın ışığa ihtiyacı olması nedeniyle Meg ve David'e, bilgi ve kendini geliştirme bölgesinin Ch'i'sini güçlendirmek için öncelikle köşeye bir sokak lambası koymalarını önerdim. Lambanın çevresine ve kapının yanına parlak renkte çiçekler koymak tembel Ch'i'yi daha da canlandırırdı. Ayrıca, bir süre için bahçeyle ilgili bir şey yapmak istemeseler bile bahçedeki tüm ölü bitkileri ayıklamalarını da istedim. Böylece, yenilenme süreci başlayacak ve üzeri çalı dolu bir mezarlıktan çok dinlenmiş bir toprağa dönüşen bu alanda rahatça dolaşan Ch'i artacaktı.

Evin aşk ve evlilik bölgesi arka bahçedeki çıplak bir toprak parçasına bağlıydı. Burası herhangi birinin gitmek isteyeceği son yerdi. Buraya bakan hiç bir pencere yoktu, bahçenin geri kalan kısmından ayrı gibi gözüküyordu. David ve Meg'e, buraya bir önemi olan ve yapıya ait olduğu kadar romantik anlamı da olan, koyabilecekleri bir nesne düşünmelerini söyledim. David aniden dışarıdaki dinlenme yerlerinin bir bank ile başladığını fark etti, burada oturup akşamları gün batımını seyredebilirlerdi. Meg, buranın harika bir doğal sunak olduğunu, buraya kuşlar için bir su teknesi bile konabileceğini düşündü. David, aniden burayı bir gül bahçesi haline getirebileceğini fark etti, bu yıllardır istediği bir şeydi fakat şimdiye kadar gül yetiştirebileceği bir toprağı olmamıştı. İkisinin de hoşuna giden büyük bir kuş banyosu bulmalarını ve bunu "kayıp" köşeye koymalarını önerdim. Beraber ne kadar güzellik yaratırlarsa o kadar iyiydi!

İçeride, ana yatak odasının da yardıma ihtiyacı vardı. Yatağın konabileceği tek bir yer vardı ve burası da banyoya bakıyordu. Meg yattığı yerden, giyinme yerinden banyodaki lavabonun üzerinde bulunan aynaya dek olan alanı görebilmekteydi. David ise doğrudan gömme dolabın aynasına bakıyordu.

"Bir süre daha böyle yaşamaya devam ederseniz asla aynı görüş açısını paylaşamazsınız" dedim.

"Bu olmaya başladı bile!" diye bağırdı Meg. "Biz de buraya taşındığımızdan beri, neden eskiye göre daha çok tartıştığımızı merak ediyorduk."

Banyoya bakan açıklığa perde çekmelerini ve gömme dolabın aynasını örtmelerini ya da sade kapılar takmalarını önerdim. Aynaların, insanların yataklarının tam karşısında bulunan yerlere ait olmadıklarını açıkladım. Gecenin bir yarısında kendi hareketlerini fark ederek ürkmeleri, yaşamsal Ch'i'lerini tüketebilirdi. Meg ve David'in durumunda da kendilerini banyoda görmelerine yetecek kadar çok ayna vardı. Ayrıca, yatakta Meg'in yattığı tarafa, odanın aşk ve evlilik köşesine koymak için ilişkilerini simgeleyen bir şey seçmelerini söyledim. Meg, oraya, evlilik töreninin en sevdikleri fotoğrafını koymanın iyi gideceğini düşündü. Bu mükemmel bir seçimdi.

Buluşmamızdan kısa sir süre sonra David, denizaşırı bir iş gezisine gitti ve ham ipekten krem rengi iki top kumaş getirdi. O gezideyken Meg de aynalı dolap kapılarını ahşap kapılarla değiştirmişti. David döndüğünde sade perdeler yaptılar ve giyinme odasının girişine astılar. Oda çok daha sıcak ve davetkar oldu ve aralarındaki tartışmaların da kesildiğini fark ettiler. David, dışarıya, bilgi köşesine parlak ışıklı bir lamba ve aşk ve evlilik köşesine de kuşlar için bir suluk ve bir oturma bankı yerleştirdi.

İlkbahar geldiğinde, David gül bahçesi hayalini gerçeğe dönüştürdü. Dediğine göre, "Evi, oturma bankını ve bizi kucaklaması için" çiçekleri ekerken onlara yumuşak bir kemer şekli verdi. David ve Meg evin Feng Shui problemini daha tomurcuk halindeyken budamışlardı ve evlerini daha da güzelleştirdikçe onları saran uyumlu Ch'i'nin tadını çıkarıyorlardı.

Aşk ve Evlilik İçin Yapabileceğiniz Düzenlemeler

Aşk ve Evlilik bölgenizin enerjisini artırmak için bu listedeki maddelerden birini ya da bir kaçını seçebilirsiniz :

- ✓ Posterler, resimler, kolajlar. fotoğraflar, v.b.
- ✓ Aşık çiftler, kumrular, yunuslar, kalpler, v.s. gibi aşk sembolü olan çiftler
- ✓ Kırmızı, pembe ve beyaz renkte eşyalar
- ✓ Aşk ve evlilikle ilgili söz, deyiş ve onaylamalar
- ✓ Romantik bir tatil ve balayından kalan anı eşyaları, doğum günü hediyeleri gibi size aşk ve evliliği çağrıştıran şeyler.

Aşk ve Evlilikle İlgili Onaylamalar

Aşağıdaki listeden hoşunuza giden sözleri seçip yazın ve onları evinizin, yatak odanızın, masanızın, ya da üzerinde çalıştığınız herhangi bir mekanın aşk ve evlilik bölgesine/köşesine koyun. Ya da isterseniz, bu sözleri bir rehber olarak alıp kendi sözlerinizi yazabilirsiniz.

Hayatıma neşe, sevgi ve samimiyeti davet ederim.

Kendimi sever, saygı duyar ve onurlandırırım.

Sevgi, sürekli olarak beni sarmalar.

Sevmeyi ve sevilmeyi severim.

Ben, güzel, sevilen, neşeli bir insanım.

Sevgilim ve ben, beraberce neşe, tutku ve mutluluk dolu bir deneyim yaşıyoruz.

Ruh eşim ve ben zihnimizde, kalbimizde ve ruhumuzda şimdi ve her zaman beraberiz.

Bagua Haritası

YARATICILIK VE ÇOCUKLAR

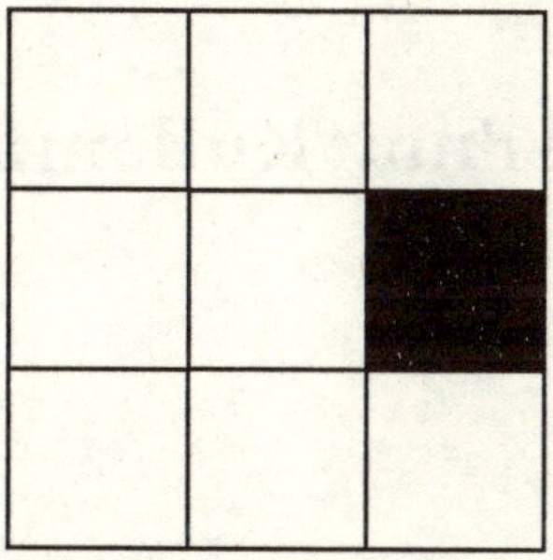

Yaratıcılık ve Çocuklar Bagua bölgeniz, üzerinde çalıştığınız mekanın sağ tarafında, öndeki Yardımcı İnsanlar ve Seyahat ile arkadaki Aşk ve Evlilik bölgelerinin ortasındadır.

I Ching'in Yaratıcılık ve Çocuklar Hakkındaki Bilgeliği

I Ching trigramı *Tui*, "Neşeli Göl" anlamına gelir ve zevk, cömertlik ve cesaret verme nitelikleri ile bağdaştırılır. Bu öğretinin ana düşüncesi, diğer insanları kendilerini tam anlamıyla ifade etmeleri için cesaretlendirerek kendimiz için de başarı ve zevki çağırabileceğimizdir. Kimi zaman ebeveynler, çocuklarını öğrenmek ve yaratıcı ifade yoluyla büyümek için cesaretlendirdiklerinde bu enerji dolu ve neredeyse büyülü tatmini de deneyimlerler. Aynı durum kendi yaratıcılığımız için de geçerlidir. Kendimizi tam bir yaratıcılıkla ifade edebilmek için cömertçe verilmiş bir teşvik ve beğenilmeye ilave olarak eğlenceli bir "varolmanın hafifliğine" ihtiyacımız vardır. Her durumda, nezaket ve cesaretlendirme olduğunda yaratıcılık hoş bir deneyim haline gelir.

Eğer,

- ✓ hamile kalmak istiyorsanız;
- ✓ genel olarak daha yaratıcı olmak istiyorsanız;

- ✓ yaratıcılık gerektiren bir projede çalışıyorsanız;
- ✓ yaratıcılığınızın durduğunu hissediyorsanız;
- ✓ içinizde sakladığınız nitelikleri keşfetmek ve geliştirmek istiyorsanız ya da
- ✓ çocuklarla olan ilişkinizi daha iyileştirmek istiyorsanız,

Yaratıcılık ve Çocuklar bölgelerinizin enerjisini güçlendirin.

Yaratıcılık ve Çocuklar Baguası'nın Kullanımı Hakkında Hikayeler

Yaratıcılık Odası

Bonnie, mesleğinde hayal kırıklığı yaşayan bir grafik sanatçısıydı. İşi ile ilgili her türlü araç gerece sahipti fakat çalıştığı mekan çok küçüktü. 600 m2'lik bir evde tek başına yaşamasına karşın bu ev onun ihtiyaçların tam olarak karşılıyor gibi gözükmüyordu. Çok büyük bir oturma odası, yeterli büyüklükte bir yemek salonu ve hem ofis hem de stüdyo olarak kullandığı küçük bir çalışma odası vardı. Buluşmamızdan bir gün önce çalışma odasını düzenlemek için elinden geleni yapmıştı. Gene de eşyalar, dosya dolapları, çizim masaları ve malzemeler odayı doldurmaktaydı. Fazla gelen eşyalar garajın yarısını kaplamıştı ve yakında diğer yarısını da kaplayacaktı. Odanın kullanılışı hakkında konuşmamız gerektiğini görebiliyordum. Ne gariptir ki, büyük oturma odası evin Yaratıcılık ve Çocuklar bölgesinde bulunuyordu. Bonnie yalnız yaşadığı için evini kendi ihtiyaçları doğrultusunda düzenleyebilirdi.

Oturup hayat tarzı hakkında konuştuk. Oturma odasında arkadaşlarını ağırlıyor muydu? Hayır. Aslında o ve arkadaşları genellikle mutfak masası çevresinde oturuyorlardı. Normal bir yemek odasına ihtiyacı var mıydı? Hayır, yemek odasını nadiren kullanıyordu. Konuşmamız sırasında meşgul birisi olduğunu da görmekteydim. Kaşlarını çatıyor ve çalışma odasına bakıp duruyordu.

"Çalışma odasını işaret ederek, "Bu odayı ne yapacağım peki?" diye sordu.

"Oturma odası haline getirmeye ne dersin?" önerisini getirdim.

"Oturma odası mı, şimdiki oturma odasını ne yapacağım peki?"

"Şimdiki oturma odasını stüdyo haline getirebilir ve şimdiki yemek odasını da ofis yapabilirsin.

Bonnie, olasılıkları kafasından geçirirken, "Neden bunu daha önce düşünemedim ki? Kendimi evin yarısına sıkıştırıyorum ve evin diğer yarısını da boş bırakıyorum!" dedi.

Yapılanlar ve Sonuçları :

Bonnie evin için değiştirmek üzerine düşündükçe daha da heyecanlanıyordu. Ona, tüm çizim masalarını odanın ortasına yerleştirmesini ve böylece her masanın etrafında boş alan kalmasının sağlanmasını önerdim. Ayrıca duvarlarda malzemelerini koyabileceği raflar için boş yerler vardı. Bu da sanatıyla ilgili her şeyi tek bir özel mekana koyabileceği anlamına geliyordu. Ofis mobilyası, bilgisayar ve dosyalarını yaratıcılık bölgesinden ayırmak düşüncesi hoşuna gitmişti. Tüm mobilya , malzeme ve çizim aletlerine tek tek baktık ve odanın yeni düzeni içinde nereye yerleştirileceklerine karar verdik.

Hiç vakit kaybetmeden iki adam tuttu ve eşyaları yerleştirdi. Beş gün sonra evin görünüşü bayağı değişmişti. Yeni stüdyosu, her sanatçının düşlerinde olanın gerçeğe dönüşmüş haliydi. Büyük, havadar ve çok renkliydi, yaratıcılığın cisimleşmiş hali gibiydi. Ofis de iyi bir biçimde düzenlenmişti ve bahçeyi görebiliyordu. Fakat, Bonnie için en büyük sürpriz çalışma odasıydı. Orayı o zamana dek küçük, dar, çok fazla eşyayla doldurulmuş bir yer olarak görmekteydi. Şimdi ise çok hoş rahat bir oturma alanına dönüşmüştü, akşamları burada dinlenebilir ve mutfakta oturmaktansa Bonnie'nin yeni oturma odasının tadını çıkarmak isteyen arkadaşlarını ağırlayabilirdi.

Evin içinde dolaşan yaratıcı Ch'i'nin akış hızının artmasıyla Bonnie'nin yaratıcılığı da arttı. Grafik tasarım işiyle birlikte resim yapma ve yazı yazmadaki yeteneğini de keşfetti. Yaratıcılık konusunda kendi yöntemini keşfetti ve yaratıcılığı artırmak konusunda bir sınıf açtı. Kısa sürede insanlar çizim, resim ve yazı yoluyla yaratıcılıklarını keşfetmek için stüdyosunda toplanmaya başladılar.

Bugün, Bonnie açtığı yaratıcılığı geliştirme sınıflarında, çocukluğundan beri yaratıcılığının durmuş olduğuna inanan kişilerin bile yaratıcı ifade isteklerini destekleyerek çeşitli teknikleri paylaşmaktadır. Her yeni sınıf açtığında öğrencilerine şu sözleri söylemektedir : "hepimize yetecek kadar büyük olan bu oyun yerine hoş geldiniz. Burada yaratıcılığınız şeyin ortaya çıkıp gelişmesine imkan tanımanız için çok yer var."

Fotoğraf Galerisi

Ellen, yeni evine taşınmadan önce burayı Feng Shui açısından kontrol ettirmeye karar vermişti. Ev boştu ve Ch'i'nin canlı bir şekilde akmasını sağlamak içi eşyalarını nasıl yerleştirmesi gerektiğini bilmek istiyordu.

Evi, çok güzel bir dubleksti. Ana yolu izleyerek evlerin arkasından geçtim, bu evlerin her birinde garaja kolayca ulaşmayı sağlayan birer geçit vardı. Amaç, garaja rahatça varıp buradaki bir iç kapıdan da eve girmekti. Ön kapıya ancak , kıvrılarak ilerleyen ve çevresi güzelce düzenlenmiş bir yoldan evin çevresini dolaşarak gidilebiliyordu. Bana çok güzel ve alışılmadık gelmişti. Fakat misafirler ön kapıya gidebilmek için iki dakika yürümek zorunda kalacaklardı.

"İnsanları ön kapıda mı karşılamayı düşünüyorsun?" diye sordum

"Buna misafir beklerken karar vereceğim, şimdilik sadece garaj kapısını açık bırakıyorum. Neden sordun?"

"Ön kapın, evinin Ch'i ağzıdır ve ancak burayı düzenli olarak kullanırsan evin beslenebilir."

Hem onun hem de arkadaşlarının ön kapıyı kullanmalarını teşvik edecek düzenlemeler hakkında konuştuk. Misafirlerin bahçede kısa bir yürüyüş yapmaktan hoşlanacaklarını fark etmişti. Arabadan inip kapıya varma arasında geçen süre bir rahatlama ve nefes alma imkanı sağlayacaktı.

"Ön bahçene yabani hayatı çeken ve evinin önü boyunca akan suyu temsil eden, kuşlar için büyük bir su teknesi koyduğunu düşün. Bu, Ch'i seviyesini artıracak ve oturma odasının penceresinden görülen manzaranın merkezi kısmını oluşturacaktır."

Evin içi de güzeldi. Büyük oturma odasında etnik sanat eserleri sergilenebilir, bej renkli rahat yastıklar, renkli kilimler ve bir duvar piyanosu bu görünüşü tamamlayabilirdi. Önünde şapka çıkarılan harika bir oda olabilirdi.

"Ch'i seviyesini daha iyileştirmekten bahsetmişken, buradaki yaratıcı Ch'i'mi de artırmak ve iyileştirmek istiyorum" dedi Ellen. "Umarım, yukarıdaki yatak odalarından hangisini stüdyoya çevirmem konusunda bana yardımcı olursun. Çocuklarımı büyüttüm ve şimdi tekrar resim yapmaya başlamak istiyorum."

"Evet, çevrene sevdiğin sanat eserlerini yerleştirerek iyi bir başlangıç yaptın" cevabını verdim.

Yukarı kata çıktık ve iki dakikada stüdyonun kurulacağı odayı seçtik. Oda genişti, güneyden harika bir ışık alıyordu ve tam da evin yaratıcılık ve çocuk bölgesinde bulunuyordu. Ellen, odanın içerdiği olumlu Ch'i'den çok hoşnuttu. Eşyalarını nasıl yerleştireceğini tartıştık. Masayı çapraz yerleştirilecekti, böylece hem kapıyı hem de pencereyi görürken dolap da arkasında kalacaktı. Işıktan iyi yararlanabilmek için resim sehpası ve boyaları pencerenin kenarına yerleştirilecekti ve buradan da kapıyı görebilecekti. Her ikimiz de bunu zihnimize oturtmuştuk ve devam etmeye hazırdık.

Stüdyosunun altında çamaşır odası ve garajın içinden eve giriş vardı. Buradaki Ch'i'nin gerçekten de daha canlandırıcı olması gerekiyordu. Ağır kapıya büyük bir yay bağlıydı ve yoluna çıkan kişi için tehlike arz ediyordu. Kapı, duvarla çamaşır makinesi ve kurutucu arasındaki dar bir alana açılmaktaydı. Buradaki tek ışık da garaj girişinin yakınlarında köşede bulunan bir yerden yakılıyordu. Elinde torbalarla alış verişten gelip de kapıyı açmaya çalışmanın nasıl bir şeye benzediği üzerinde konuştuk. Kötü Feng Shui!

"Burası evin önemli bir yeri" dedim. "Her gün buradan girip çıkacaksın ve ayrıca çamaşırlarını da burada yıkayacaksın. Ayrıca yaratıcılık ve çocuk bölgesi ile de ilgili, bu da hayatında mücadele etmek istediğin değil geliştirmek istediğin bir alan. Sana, kapıdaki yayı çıkarmanı, aydınlatmayı iyileştirmeni ve burayı her bakışında sana ilham verecek bir şeyler asmanı öneririm."

Ellen'in gözleri parladı, "Buraya ne asacağımı biliyorum!" diye bağırdı. "burayı çocuklarımın ve torunlarımın resim galerisi yapacağım. Onlara ait sevdiğim tonlarca fotoğraf var ve onları asmak için burası mükemmel bir yer!"

Yapılanlar ve Sonuçları :

İki hafta sonra Ellen yeni evine taşındı. Ön bahçeye ilk koyduğu şeylerden biri kuşlar için bir havuzdu. Stüdyosunu planladığı gibi düzenledi ve yeni taşındığı evdeki hayat tarzı hakkında eserler üretmeye başladı - İşçinin Öğle Yemeği, Asılmayan Maske, İlk Kuş. Evine hemen alışmıştı ve yaratıcılığı desteklenmekteydi. Garajın iç kısmının yayını çıkarmıştı ve burayı aydınlatacak bir spot yerleştirmişti. Sonrasında eğlence başladı. Çocuklarına ve torunlarına ait fotoğrafların çoğu yıllar önce kaldırılmıştı. Şimdi ise hoşuna giden her fotoğrafı asmakta serbestti. Sonunda, çamaşır odasının duvarlarını fotoğraflarla kapladı.

Ellen'le son konuşmamızda şimdiye dek olmadığı kadar mutlu olduğunu söyledi. Ressamlık yönü ağır basmaya başlamıştı ve gittiği her yerde resim yapmak en büyük zevkiydi.

"Fotoğraf galerime geldiğinde oğlumun yüzünü görmeliydin" dedi. "Fotoğraflarımı çamaşır odasında sakladığıma inanamadı. Bunu küçük düşürücü buldu. Ona, onları her gün görebilme şansını yaratabilmek için bu fotoğrafları buraya astığımı açıkladım. Şimdi o da evinde aynı şeyi yapıyor!"

Çocuk ve Yaratıcılık İçin Yapabileceğiniz Düzenlemeler

Çocuk ve yaratıcılık bölgesinin enerjisini düzenlemek için aşağıdaki önerilerden birini ya da bir kaçını kullanabilirsiniz :

- ✓ İçinizdeki yaratıcı özü uyaracak posterler, resimler, kolajlar, fotoğraflar ve çocukların yaptığı resimler.
- ✓ Her türde sanat eserlerini üretmek için kullanılan malzemeler, marangozluk ve yapı malzemeleri gibi bir şeyler yaratmak için kullanılan eşyalar.
- ✓ Tuhaf nesneler, aletler ve doldurulmuş hayvanlar.
- ✓ Beyaz ve pastel renkte eşyalar.
- ✓ Dairesel, oval ve kemer şeklinde eşyalar.
- ✓ Metalden yapılmış - pirinç, çelik, gümüş, altın, alüminyum, bakır, v.s. - mobilya, şamdan, resim çerçevesi, figürin ve lambalar.
- ✓ Yaratıcılık ve Çocuklarla ilgili deyişler, onaylamalar ve sözler.
- ✓ El yapımı eşyalar, çocukluğunuza ait anı eşyaları gibi Yaratıcılık ve Çocuklarla kişisel anlamda ilgisi olan nesneler.

Yaratıcılık ve Çocuklar İçin Onaylamalar

Aşağıdaki listeden hoşunuza giden sözleri seçip yazın ve onları evinizin, iş yerinizin, masanızın ya da üzerinde çalıştığınız herhangi bir mekanın Yaratıcılık ve Çocuklar bölgesine/köşesine koyun. Ya da isterseniz, bu sözleri bir rehber olarak alıp kendi sözlerinizi yazabilirsiniz.

Yaratıcılığımı kolayca ve coşkuyla ifade edebiliyorum.

Yaratıcılığım kim olduğumun bir ifadesi gibi serbestçe akmakta.

Ben sanatçı ruhlu, yetenekli, yaratıcı bir insanım.

İçimdeki çocuk güvende ve mutlu.

Çocuğumun/içimdeki çocuğun yaratıcılığını geliştirip ifade etmesi için coşkuyla destekliyorum.

Kaderimin de gösterdiği gibi, yaratıcılığımı kendim için en iyi olan yollarla ifade edebilmede içimdeki bilgeliğe güveniyorum.

Yaratıcılığıma güvenirim ve bunu ifade etmek için kendime zaman ve mekan sağlarım.

Bagua Haritası

YARDIMCI İNSANLAR VE SEYAHAT

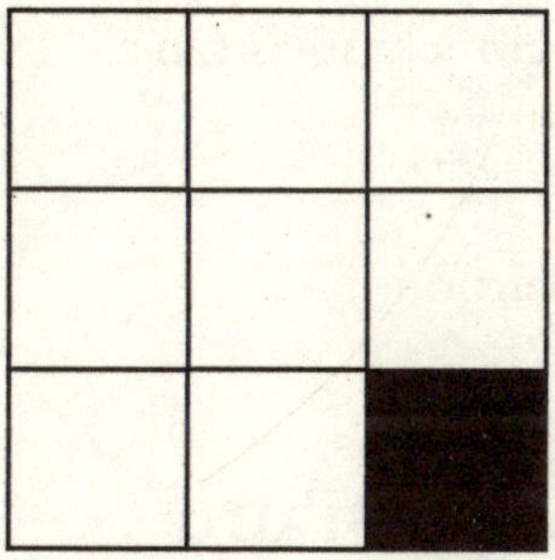

Yardımcı İnsanlar ve Seyahat bölgeniz, üzerinde çalıştığınız mekanın arka sağ kısmındadır.

I Ching'in Yardımcı İnsanlar ve Seyahat Hakkındaki Bilgeliği

I Ching'de Yardımcı İnsanlar ve Seyahat beraberce ele alınır ve "cennet" anlamına gelen *Ch'ien* trigramı ile simgelenir. Cennet; tüm trigramların en yang'ı ya da aktifi olarak güç, eşzamanlılık, ilham ve güven niteliklerine sahiptir. Ch'ien bize, kaderimizin kendi eylemlerimiz tarafından şekillendirildiğini hatırlatır. Doğru eylemler, ön sezgilerimizin ve aklımızın uyumlu bir şekilde karıştırılmasından ve kullanılmasından doğar. İnsanları birer "melek" ve mekanları da "cennet" olarak görmeye başladığımızda doğru yolda olduğumuzu biliriz. Eşzamanlı bir şeklide düzenlendiklerinde insanlar ve mekanlar bize ilham ve yön verirler, hayat yolumuz üzerinde yararlı izler bırakır ve kendi kaderimizi öğrenmede bize yardımcı olurlar. Pek çoğumuz, hayatımızın bize öğüt veren biri ya da bir müşteri, otobüs şoförü, yardımcı ya da tamamıyla yabancı birinin söylediği sözler veya yaptığı eylemler nedeniyle nasıl değiştiği ya da zenginleştiği hakkında hikayelere sahibizdir. Eşzamanlılığın göksel deneyimini yaşadığımızda birdenbire doğru zamanda doğru yerde olduğumuzu ya da doğru zamanda doğru insana rastladığımızı farkederiz. İşte bu zamanlarda göksel güçlerin çevremizi iyice sardığını, bizi zarafetle ve kolaylıkla bir sonraki adıma taşıdığını hissederiz.

- ✓ Hayatınıza akıl danışabileceğiniz daha fazla sayıda kişi ya da müşteri, yardımcı, ortak gibi her türden yardımcı insan sokmak istiyorsanız;
- ✓ genel olarak seyahat etmek ya da özel bir yere gitmek istiyorsanız;
- ✓ ruhsal ya da dinsel inanış sisteminizde size rehberlik etmesini istediğiniz varlık ya da varlıklarla daha sıkı bir ilişki içine girmek istiyorsanız;
- ✓ yeni bir eve veya iş yerine taşınmayı düşünüyorsanız,

Yardımcı İnsanlar ve Seyahat bölgesinin enerjisini artırın.

Yardımcı İnsanlar ve Seyahat Baguası'nın Kullanımı Hakkında Hikayeler

Talih Çarkı

Andrea, kendini başarısı içinde boğuluyor gibi hissetmekteydi. Tanınmış bir seramikçi olduğu için aldığı özel siparişler ve teslim tarihleri nedeniyle fena halde sıkışmıştı. Sipariş edilen çok miktarda vazoyu üretebilmek için yanına çıraklar almıştı fakat bu çıraklar sürekli olarak can sıkıntısı yaratıyorlardı. Çıraklardan biri işe sık sık geç kalıyor diğerine ise güvenemediğinden sürekli olarak onları gözlemlemek gerekiyordu. Tüm bu düş kırıklıklarına ek olarak bir sene önce başka bir eyalette bir ev satın almıştı fakat birbiri ardına gelen ve stresten kaynaklanan sağlık sorunları nedeniyle oraya bir türlü gidememişti.

"Telefonda bana "İmdat"diye bağırdı.

Andrea'nın evine doğru giderken buranın L şekilli olduğunu ve yardımcı insanlar ve seyahat bölgesinin çakıl taşı kaplı park yerinde bulunduğunu fark ettim. Andrea beni kapıda karşıladı ve evin çevresini dolaştık, stüdyosunu, dıştaki büyük atölyesini ve büyük fırınını gördüm. Bu tur sırasında, Andrea'nın hiç kullanmadığı iki banyonun evin sağlık bölgesinde olduklarını fark ettim. Biri, çıraklar tarafından kullanılırken diğerini kimse kullanmıyordu.

Yapılanlar ve Sonuçları :

Andrea'nın bir kaç ay içinde taşınacağını bildiğimiz için kayıp olan yardımcı insanlar ve seyahat bölgesine koyabileceği ve evi sembolik olarak tamamlayabileceği bir çözüm aradık. Büyük bir saksı içinde duran bir ağacı vardı, bunu eğer ev kare olsaydı kareyi tamamlayacak köşenin tam bulunduğu noktaya özenle yerleştirdik. Bunun çevresine biraz daha anlam katmak için büyük tuğlalar ve başka bitkilerle bir düzenleme yaptık. Sonra. her odanın yardımcı insanlar köşesini kontrol ettik. Çıraklarının çalıştığı yere özel bir dikkat gösterdim. Tozlu raflar ve kuruyan çanak çömlekle dolu bir atölyeydi. Yardımcı insanlar köşesinin, çıraklar için önemli olan semboller konarak canlandırılmasını önerdim. Andrea hemen kabul etti. Onu, atölyeye daha fazla Ch'i gelmesini sağlayacak yollar bulması için cesaretlendirdim. Bitmiş ve parlak renklere sahip eserlerinin fotoğraflarını büyütmeyi ve bunları kariyer, refah, yaratıcılık ve şöhret köşelerine asarak Ch'i seviyesini artırmaya ve atölyeye biraz daha renk katmaya karar verdi.

Sağlık köşesinin enerjisini düzenlemek için işçilerin kullandığı banyoda yapılabilecek basit değişikliklerden bahsettik. Buraya sağlıklı bir bitki koymasını ve bir kaç hoş poster asmasını, klozetin kapağını kapalı tutmasını, lavabonun altında birikmiş çöpleri kaldırmasını ve banyonun her tarafını temizlemesini önerdim. Sonra da kullanılmayan banyoya baktık. Büyük ve aydınlıktı, temiz bir küveti ve büyük bir klozeti vardı. Burayı kullanmak Andrea'nın aklına hiç gelmemişti, çünkü yatak odasının yakınında bulunmuyordu. Burayı unutmuştu. Bu banyoyu, uzun bir gün sonrasında dinlenip, kendisine gelebileceği özel bir "kaçış" yeri yaparak sağlık Ch'i'sini artırmasını söyledim. Bu fikri çok sevdi. Yeni ev için banyo aksesuarları almıştı ve bunları hemen sağlık banyosunda karar verdi.

Yatak odasının sağlık köşesinde ise çıplak bir duvar bulunuyordu, üzerinde daha önceden konup da sonradan kaldırılmış resimlerin izleri görülebilmekteydi. Buraya konabilecek güzel bir şeye ihtiyaç vardı. Andrea kısa süre sonra taşınacağını düşünerek en çok sevdiği resmi bu duvardan indirmiş ve tekrar yerine asmamıştı. Şimdi ise uyandığında, boş bir duvar yerine sevdiği resme bakabilirdi.

"Sana ilham veren şeyleri vakti gelmeden çok önce kaldırma" dedim. "Bu resim gibi şeyler, taşınma sırasındaki geçiş sürecinde çok ihtiyaç duyduğun Ch'i' seviyesini yüksek tutar ve destekler."

Yatak odasının yardımcı insanlar ve seyahat köşesine yeni evinin fotoğraflarını asarak taşınmasını hızlandırmasını söyledim. Hemen bir çekmeceden bir kaç fotoğraf çıkarıp, astı. Ayrıca ilk eşya kutusunu hazırlamasını, kutunun üzerine kalın ve siyah harflerle yeni adresini yazmasını ve bunu oturma odasının yardımcı insanlar ve seyahat köşesine koymasını söyledim. Bunun bir sanat eseri olabileceğini de ekledim.

Bundan dört gün sonra Andrea aradı. Son bir kaç gün içinde olanları anlatırken soluk alış verişleri hızlanıyordu. Buluşmamızdan iki gün sonra, kapısının önünde yeni bir çırak belirivermişti ve ondan sonra iki kişi daha işe başvurmuştu. Bu çıraklar, Andrea'nın atölyeye bir karakter kazandırma önersini beğenmişler ve yardımcı insanlar köşesine koymak için kendi kişisel sembollerini getirmişlerdi. Atölyenin yardımcı insanlar köşesi, Meryem Ana, Hz. İsa ve azizlerin imajlarıyla daha canlı bir hâl almıştı. Andrea bitmiş seramik işlerinin renkli posterlerini asmıştı ve böylece atölye değişik bir görünüme kavuşmuştu.

Andrea, çırakların kullandığı banyo üzerinde Bagua'yı denemeye karar vermişti. Yaratıcılık köşesinde bulunan döküntüleri kaldırdığında altından karınca yuvaları ve örümcek ağları çıkmıştı. Bunları temizlemiş, delikleri tıkamış ve ilginç bir şekilde boyanmış bir çöp kutusu koymuştu. Sağlık köşesine yeni bir bitki, aşk köşesine bir çift kumruyu gösteren bir poster ve refah köşesine de rüzgar çıngırakları koymuştu. Ayrıca diğer banyoyu da düzenlemiş ve her gece sıcak bir duş almanın keyfini çıkarmaya başlamıştı.

Bana, "Benimle çalışmak isteyen bu kadar kişiyle ne yapacağım?" diye sorduğunda cevabım, "Andrea, bırak eşyalarını toplarken sana yardım etsinler" oldu.

Ön Kapıdaki Kadın

Amy'nin kiraladığı ev ilk taşındığında mükemmel bir seçim gibiydi. Hem ev, hem iş yeri hem de bir ev arkadaşı için yeterince yer vardı. Fakat kendisiyle yaşayacak doğru kişiyi bulamıyordu. Yanına taşınan kişiler bazı sorunlar nedeniyle kısa süre sonra ayrılıyorlardı. Bu da evin sürekli olarak bir geçiş durumunda olmasına neden oluyordu. Ayrıca, Amy müşterileriyle daha fazla sorun yaşadığını da fark etmişti. Müşterilerinden alması gereken fakat onların ödemedikleri para miktarı gittikçe artmaktaydı, bu da kendini güvensiz bir durumda hissetmesine yol açıyordu. Biraz Feng Shui uygulamanın zamanı gelmişti.

Amy'nin evi T planlıydı ve hem yardımcı insanlar ve seyahat hem de Bilgi ve Kişisel Gelişim bölgeleri kayıptı. Bilgi bölgesinde bir havuz. bir akarsu ve arka kapıya giden bir patika vardı. Bu bölge güzel düzenlenmişti ve havuz ile akarsu bu eve eklenmiş hoş elemanlardı. Yardımcı insanlar ve seyahat bölgesi ise bir başka meseleydi. Evin ön girişine giden ve çevresinin düzenlenmesi gereken bir patikadan oluşmaktaydı. Önceki çevre düzenleme çalışmalarının izleri hala duruyordu ve yola hüzünlü, dağınık bir görünüş veriyordu.

"Komik" dedi Amy. "Ön kapıyı kimse kullanmaz. Belki de bu yüzden burayı böylesine ihmal ettim."

"Neden kullanmıyorsun?"

"İçeri girip çıkmak için mutfak kapısını kullanırız, müşterilerim ise arka kapıya gelirler, burası doğrudan ofisime açılır."

Ön kapının çevresinde daha fazla Ch'i'nin dolaşmasını sağlamamız gerektiğini biliyordum. Buradaki insan trafiğinin eksikliği yardımcı insanlar bölgesindeki belirgin yapısal dengesizliği fazlasıyla artırıyordu. Amy ile burada uygulayabileceği olası düzenlemeler hakkında konuştuk. Öncelikle, bahçeye yeni bir hava getirilmeliydi. Kayıp olan köşeyi sembolik olarak belirgin hale getirmek için buraya bir sokak lambası, bayrak direği, ağaç ya da çeşme koymalıydı. Ve en önemlisi, Amy müşterilerini ön kapıya getirmeli, Ch'i'lerini yardımcı insanlar ve seyahat bölgesine yönlendirmeli ve burayı canlılıkla doldurmalıydı.

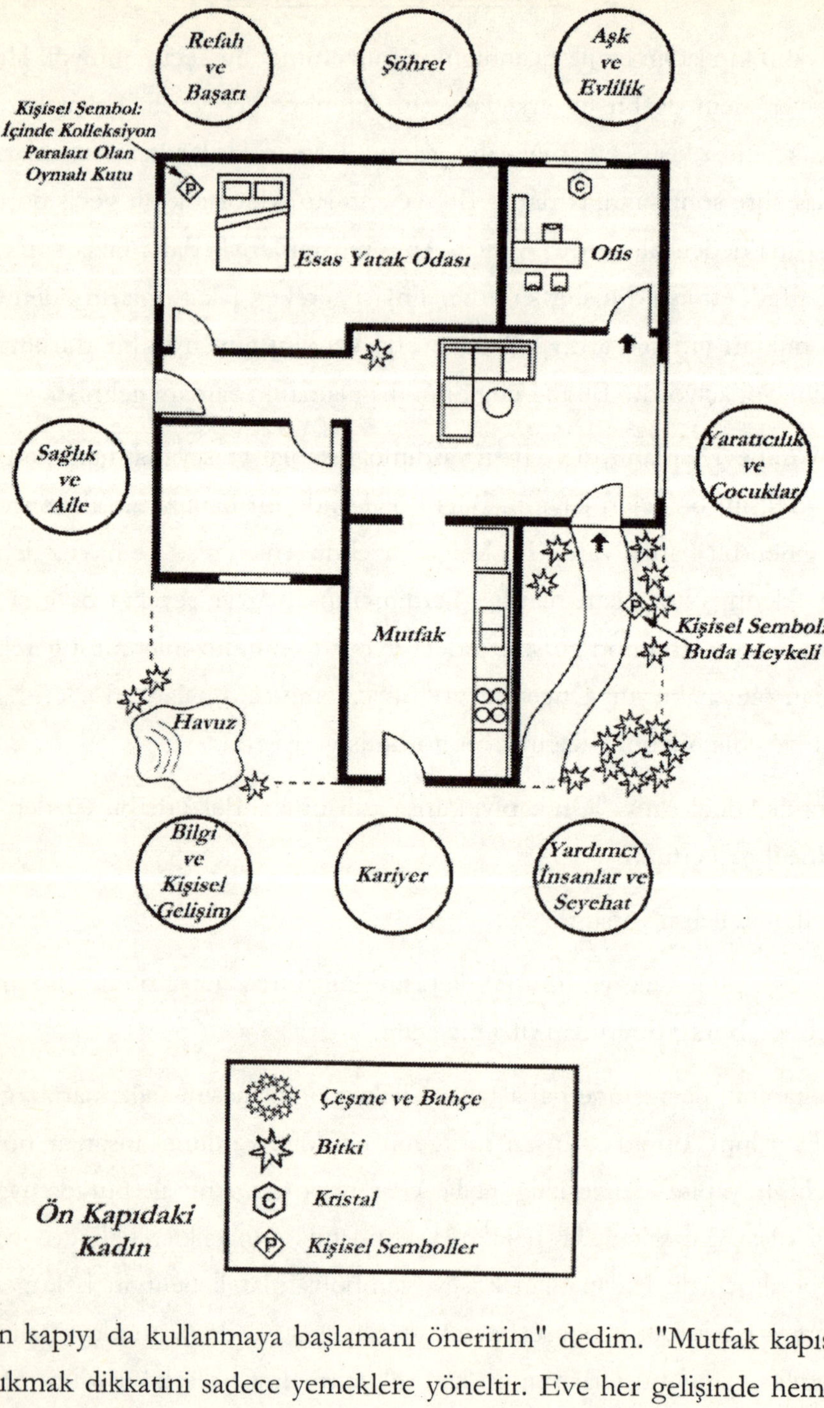

Ön Kapıdaki Kadın

"Ön kapıyı da kullanmaya başlamanı öneririm" dedim. "Mutfak kapısından girip çıkmak dikkatini sadece yemeklere yöneltir. Eve her gelişinde hemen yemeğe oturmayı düşünürsün."

Amy güldü, "Bunu da nereden biliyorsun? Feng Shui diyetini uygulamak için doğrudan mutfağa gitmemem gerekiyor, doğru mu?"

"Aslında, Feng Shui diyeti eve sürekli olarak mutfaktan girip çıkmamanı önerir."

Evi dolaşırken, Amy'nin evini sevdiği şeylerle dekore ettiğini fark ettim. Renk seçimi ve mobilyalarının yerleştirilmesi hep bir uyum içindeydi. Fakat evinin geniş arka bölümünü, aslında esas yatak odası olması gereken yeri ofisi yapmıştı. Tüm odayı kullanmaya ihtiyacı olmadığını görebiliyordum ve bu oda evinin en özel yin bölümünde bulunuyordu. Yatak odası ise ön kapının yanında, daha yang bir yerde bulunan daha küçük bir odaydı.

"Ofisini şimdiki yatak odana ve yatak odanı da şimdi ofisinin olduğu yere taşı. Burada çok fazla uyku getirici Ch'i var ve bu da müşterilerinin seni bir iş kadını olarak ciddiye almalarına olanak tanımıyor."

Yapılanlar ve Sonuçları :

Buluşmamızdan bir hafta sonra Amy, dışarıya yardımcı insanlar ve seyahat bölgesine güzel bir havuz koydurttu. "Yardımcı İnsanlar" bahçesinde ön kapıya giden patikayı ele almak ve güzelleştirmek için biraz daha zaman gerekti, bu tasarımın içine yeni bir çeşme ve oturan bir Buda da dahildi. Amy, orijinal esas yatak odasını kendi özel sığınağı olarak düzenledi. Refah ve başarı bölgesi burada bulunduğu için çalışma masasının üstüne, içinde koleksiyon paraları bulunan el yapımı güzel bir kutu yerleştirdi, bu kutuya "para mıknatısı" diyordu.

Ön kapıya yakın olan oda hoş ve profesyonelce döşenmiş bir oda haline geldi ve işlerin yapılması için daha olumlu bir havaya sahip oldu. Amy, odanın içinde Ch'i'nin sürekli olarak dolaşması için pencereye bir kristal astı. Müşterileri ön kapıdan geçerek yeni ofisine doğru yöneliyorlardı, burada toplantılarına konsantre oluyorlar ve hizmetinin karşılığını Amy'ye ödüyorlardı.

Amy'nin havuzu yerleştirmesinden bir hafta sonra, uzaklardan gelen bir arkadaşı kalacak bir yer aradığını söyledi. Acaba Amy, ev arkadaşı arayan birini tanıyor muydu? Kısa bir süre sonra arkadaşı onun yanına taşındı ve bahçeyi kendi becerilerini de kullanarak daha da güzelleştirdi. Artık yemeklerle daha az, fitnesle ise daha fazla ilgilendiğini fark etmişti. Düzenli bir egzersiz programına başladı ve bundan da büyük keyif aldı.

"Şimdi her şey yerli yerine oturmuş görünüyor. Artık, mutfak bir geçiş yeri, arka kısımsa bir iş yeri olmaktan kurtuldu. Ofisim arka tarafta saklı kalmıyor, ev arkadaşlarım ve müşterilerimle olan sorunlarım da ortadan kalktı," diye yorum yaptı.

Yardımcı İnsanlar ve Seyahat İçin Yapabileceğiniz Düzenlemeler

Yardımcı İnsanlar ve Seyahat Bagua bölgelerinin/köşelerinin Ch'i'sini artırmak için aşağıdaki listede bulunan şeylerden birini ya da bir kaçını seçebilirsiniz:

- ✓ Ruhsal rehberlerin, tanrıların, tanrıçaların, aziz ve meleklerin posterleri, resimleri, kolajları, fotoğraf ve figürlerini asın
- ✓ Hayatınızdaki yardımcı insanlar ve akıl danışabileceğiniz kişilerin resimlerini asın
- ✓ Gezdiğiniz ya da gitmek istediğiniz özel yerleri ifade eden resimler ve heykelcikler koyun
- ✓ Beyaz, gri ve siyah renkli nesneler kullanın
- ✓ Ruhsal rehberlik, yardımcı insanlar ve seyahatle ilgili sözler, deyişler ve onaylamalar koyun
- ✓ Ruhsal ya da dinsel inanışlarımızla kişisel olarak güçlü bir ilgisi olan nesneler kullanın
- ✓ Öğretmen, danışman, yardımcı, müşteri ve işçi gibi yardımcı insanların resimlerini koyun
- ✓ Dünyada sizin için özel olan yerleri anımsatan nesneler kullanın.

Yardımcı İnsanlar ve Seyahat ile İlgili Onaylamalar

Aşağıdaki onaylamalardan hoşunuza gidenleri seçip yazın ve onları evinizin, iş yerinizin ya da masanızın, ya da üzerinde çalıştığınız herhangi bir mekanın yardımcı insanlar ve seyahat evlilik köşesine/bölgesine koyun. Ya da isterseniz, bu onaylamaları bir rehber olarak alıp kendi onaylamalarınızı yazabilirsiniz.

Hayatıma sürekli olarak yardımsever, cömert, sevgi dolu insanları sokarım.

Hayatımdaki tüm insanlar beni desteklemekte ve sevmektedirler.

Hayatımda bulunan pek çok yardımsever insan tarafından destek görmekteyim ve ben de diğer insanlardan yardımımı esirgemiyorum.

Hayatımda sürekli olarak hayırlı fırsatlar ve durumlarla karşılaşmaktayım.

Ziyaret etmek istediğim yerlere ne zaman istersem gidebilirim.

Doğru zamanda doğru yerdeyim ve doğru zamanda doğru kişiyle karşılaştım.

Bagua Haritası

KARİYER

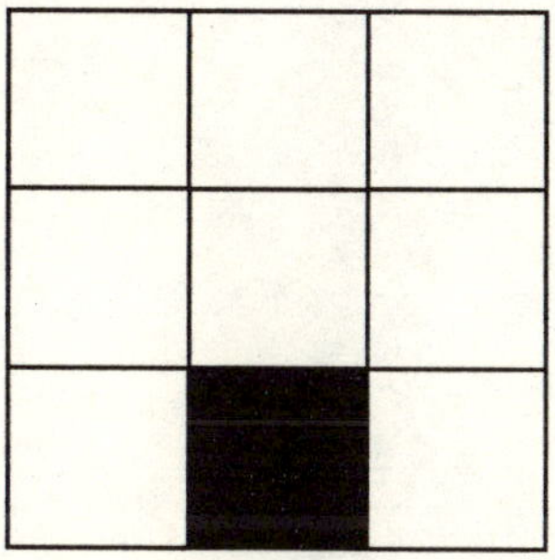

Kariyer bölgeniz, üzerinde çalıştığınız yerin ön kısmında ortada, solda Bilgi ve Kendini Geliştirme ile sağda Yardımcı İnsanlar ve Seyahat bölgelerinin arasındadır.

I Ching'in Kariyer Hakkındaki Bilgeliği

I Ching trigramı *K'an*, yani "derin su" anlamına gelir ve işimiz ya da kariyerimizle ilgilidir. Çoğumuz için, hayattaki en büyük meydan okuma bu dünyada yapmaktan hoşlanacağımız bir iş bulmak ve onu devam ettirmektir. Bu, çoğunlukla yıllar boyunca, hatta bir ömür boyunca cevapsız kalan derin, gizemli bir sorudur. Ayrıca hayatımızın herhangi bir anında su üzerine çıkan ve bizi uzun uzun düşünmeye iten bir soru daha vardır : "Sırada ne var?" I Ching, bu arayışımızda bize tam anlamıyla içten ve gayretli olmayı öğretir. Kendi içimizde derinlere dalmak ve gerçeği söylemek, cevap "Bilmiyorum" bile olsa son derece önemlidir. İçtenliğimiz bize açıklığı sağlamada yardımcı olur. "Mutluluğu kovalamak" hayatımızdaki en büyük meydan okumalardan biridir. Ruhsal arayış için zaman ayırmak, alçakgönüllü olmak ve bilinmeyene güven duymak gerekir. I Ching, sadece bilincimizin derinliklerine inerek kariyerle ilgili sorularımızı cevaplayabileceğimizi ve enerjimizi işle ilgili yeni hedeflerimiz üzerinde yoğunlaşabileceğimizi öngörmektedir.

Eğer,

- ✓ İşinizde ya da kariyerinizde herhangi bir değişiklik yapıyorsanız;
- ✓ İşinizi ya da kariyerinizi değiştiriyorsanız;
- ✓ Sosyal hizmetle ilgili bir işte çalışmak ya da bu tür bir işte gönüllü olmak istiyorsanız; ya da
- ✓ Başka türde bir işe giriyorsanız,

Kariyer bölgenizin/köşenizin enerjisini güçlendirin.

Kariyer Baguasının Kullanımı Hakkında Hikayeler

Eve'in Bahçesi

Eve, kariyerinin iyi durumda olmadığını görmekteydi. Hayatı, diğer yönlerden tatmin edici gitmekteyken, işi onu strese sokmaktaydı. Altı yıl önce, bir pazarlama ajanı olarak dikkate değer işler çıkarmıştı. Fakat itibarı zaman içinde sürekli tepe aşağı gitmişti. İlk başta patronundan şikayet etmişti, fakat patronu değiştikten sonra da bu iniş devam etmişti. Yaptığı işte iyi oyduğunu biliyordu, fakat sorun neydi? Bir arkadaşının tavsiyesine uyarak bir Feng Shui randevusu almaya karar verdi.

Eve, bir dubleksin sağ bölümünde yaşıyordu. Evinin olduğu bölüme yürürken, bahçesinin büyük ve özenli bir bakıma ihtiyacı olduğunu ve ön kapıdaki kafesin paslanıp parlak turuncu bir renk aldığını fark ettim. Ön girişi binanın tam kariyer bölgesindeydi ve aslında bir çiçek bahçesi olması gereken bitkin görünüşlü bir yerle sınırlanmıştı. Bir kaç yabani ot, susuzluktan kurumuş toprakta yaşamaya çalışıyorlardı ve Eve'in kapısına ulaşan beton merdivenin çevresindeki toprakta siyah çatlaklar ve karınca yuvaları görülmekteydi. Ön kapının çevresinde canlı ya da çekici hiç bir şey yoktu ve daha kapısını çalmadan kariyeriyle ilgil sorunları olup olmadığını merak etmiştim.

Eve'in evine girdiğimde çevremi güzellikler sardı. Evi gerçekten de çok güzeldi, harika bir seramik koleksiyonu da dahil olmak üzere sevdiği şeylerle donatmıştı. İşimiz evin içinde değil dışındaydı.

Yapılanlar ve Sonuçları :

Eve'in bir bahçıvan olmadığını öğrenmek beni şaşırtmamıştı. Kariyeri için öneminden bahsedene dek dış mekan hakkında konuşmaya bile istekliydi, Yabani otlara ve çıplak toprağa gözleri büyüyerek baktı. "Bu bahçenin kariyerimle ilgisi olduğuna inanamıyorum" diye bağırdı. Bazı basit düzenlemeler yapmasını ve neler olacağını görmesini önerdim. Öncelikle ön kapısına ulaşan basamakların her iki yanına da sardunya gibi kırmızı çiçeklerin olduğu iki büyük saksı koydu. Bunlar onun misafirlerini karşılayacaklar ve bozulan Ch'i'yi düzeltmeye yardım edeceklerdi.

Sonrasında, yaban otlarını sökmesini ve buraya bakımı çok kolay olan çiçekler ekmesini, sonra da buruya su elementini getirmek, yabani hayatı çekmek ve Ch'i'yi canlandırmak içir bir kuş havuzu koymasını önerdim. Üçüncü olarak, çatlakları kapamak ve toprağa kendini yenileme zamanı vermek için merdivenlerin çevresini samanla örtmesini söyledim. Dördüncü olarak, kapıdaki tel kafesin pasını temizlemeli ve kariyer köşesinin rengi olan siyaha boyayarak "Ch'i ağzını" restore etmeliydi. Beşinci olarak da ön kapıya olumlu Ch'i'yi çekmek için ön kapının yanına bir rüzgar çanı ya da fırıldak asmalıydı. Kariyerini iyileştirmek uğruna tüm bu işleri yapmayı kabul etti. İçeride, her odanın kariyer köşesini gösterdim ve buralarda bulunan eşyaların onun kariyerinde ulaşmak istediği hedefler için mekansal onaylayıcılar görevi gördüklerini anlamasını sağladım.

Eve, iki hafta sonra beni aradı. Telefonda sesi çok heyecanlı geliyordu. Sadece neler olduğunu bana anlatmak istemişti! Evin dışında yapılması gerektiğini söylediğim her şeyi yapmıştı. Hatta sinek kuşları için bir yemlik bile koymuştu. Ve olayların gidişatı radikal bir biçimde değişmeye başlamıştı. Bir yıldan fazla bir zamandır üzerinde çalıştığı iki projeyi birden firması kabul etmişti. Buna inanamıyordu. Fakat en iyi haber bu değildi.

"Tüm kariyerim boyunca karşılaştığım en büyük müşteriyle anlaştım, üstelik o bana geldi!"dedi. "Artık tırnaklarıma ne olacağı umurumda bile değil, sahip olduğum tüm şansı bahçeme dikiyorum ve daha şimdiden bahçem bir cennete dönüştü bile. Bundan sonra anlaşma imzaladığım her müşterinin şerefine bir çiçek dikmeye karar verdim."

Bu olay iki sene önce meydana geldi ve Eve'in kariyeri hiç olmadığı kadar yüksek bir grafik çizdi. Arkadaşları ona bunun sırrını sorduklarında açıklamasına şöyle başlamakta : "Hiç Feng Shui nedir, duydunuz mu?..."

Donna'nın Kapısı

Bu, en sevdiğim hikayelerden biridir, çünkü insanlar nasıl kullanacaklarını bilseler de bilmeseler de Bagua'nın ne kadar güçlü olabileceğinin bir kanıtıdır.

Donna'nın annesi, kızının bir Feng Shui kontrolünden geçmesini istiyordu, bu nedenle de onun adına bir Feng Shui randevusu ayarladı. Donna bu randevu için aradığında bunu gerçekten isteyip istemediğini sordum. Hevesli bir EVET! ile cevap verdi.

Evi daha önce hiç gitmediğim bir semtteydi. Arabamı yavaşça yoldan aşağıya sürerken çevreye de bakındım. Burası eski bir semtti, evlerin durumu çok iyiden döküntüye dek uzanan bir yelpaze çiziyordu. Bir ev diğerlerinden farklıydı. Hem evin hem de bahçesinin görünümü harikaydı, çok çekiciydiler ve ayrıntılara olağanüstü bir önem verilmişti. Burasının Donna'nın evi olduğu ortaya çıktı.

Arabamı park ettim ve bir kaç dakikalığına evinin önünde durdum. Eve büyük bir ön veranda eklediğini görebiliyordum, bu ön veranda üzeri kapalı bir giriş ile yeni bir ön kapıya sahipti. Bu ek, evin Bagua'sını iyileştirmişti, yeni ve güzel ön kapı kariyer bölgesinde bulunuyordu. Her ne kadar evin tüm ön tarafına yayılmasa da Bilgi ve Kişisel Gelişim bölgesini dışarıda bırakmıştı. Donna bahçeyi çeşitli çiçeklerle donatmıştı ve tam da kayıp köşenin olduğu yere büyük bir ağaç dikmişti. Gerçekten çok etkilenmiştim!

Donna'ya sorduğum ilk soru şu oldu; "Son zamanlarda kariyerinde bir değişiklik oldu mu?"

"Annem size söylemedi mi? Yaptığım bir tanıtım nedeniyle bir ödül kazandım ve bundan sonra da hep yapmak istediğim şeyi yapıcam. Bunun için yıllardır çalışıyorum. Çok fazla rekabet vardı, bu ödülü alan tek kişi olmakla da gurur duyuyorum."

"Söylesene bu yeni girişi ne zaman yaptın?"

"Bir bakalım, yaklaşık bir ay önce biten ve üç ay süren bir projeydi. Hatırlıyorum çünkü aynı sırada tanıtımımı hazırlarken tüm bu kasnakların arasından zıplayarak geçmek zorunda kalıyordum. Neden sordun?"

Hikayesinin ne kadar hoş olduğunu düşünürken güldüm. Ön girişi bu şekilde değiştirerek Feng Shui'ye göre kariyer Ch'i'sini nasıl değiştirdiğini açıkladım. Ben konuştukça o da, "Bilmiyordum...bu inanılmaz... hiç fikrim yoktu!" gibi sözler söylüyordu.

Donna'nın evinin yeni girişini nasıl açık ve karışıklıktan uzak bir şekilde düzenleyeceği üzerinde konuştuk. İçeri girerken üzeri dolu bir portmanto tarafından selamlanmak yerine, kariyerinle ilişkili olarak siyah renkli bir kaidesi olan (su elementini simgeler) ve üzeri camlı bir masa koymasını önerdim, girişe sıcak bir karşılama duygusu katmak için bu masanın yanına bir ya da iki sandalye de ekleyebilirdi. Bu yeni düzenleme sayesinde, şimdi girişin bir parçası olan cam bölümden bakıldığında çok güzel dekore edilmiş oturma odasını görmek de mümkün olacaktı. Portmanto için kapının arkasında yer vardı ve portmantonun buraya konması eve girildiğinde gözden uzakta olması açısından daha uygun olacaktı.

"Ön kapının eşiğini temiz ve açık tutarsan misafirlerin, onları ne kadar önemsediğini görürler. Ve bu durum da kariyer Ch'i'sini sürekli olarak artırır" dedim. "Yeni tanıtımına temiz ve açık bir zihinle, geniş bir görüş açısıyla başlayabilir ve önüne çıkacak yeni fırsatları nazik bir şekilde karşılayacak enerjiye sahip olabilirsin."

Kariyer İçin Yapabileceğiniz Düzenlemeler

Kariyer bölgelerinin enerjisini güçlendirmek için aşağıdaki şeylerden birini ya da bir kaçını seçin :

- ✓ Çeşme, akarsu ve akvaryum gibi suyla ilgili nesneler,
- ✓ Akıntı, okyanus, göl, akarsu, havuz, v.s. tasviri olan posterler, resimler, kolajlar, fotoğraf ve resimler.
- ✓ Kariyerle ilgili imaj ve semboller
- ✓ Siyah ve denizci mavisi, koyu kestane, koyu kahverengisi ve kömür grisi gibi çok koyu renkler,
- ✓ Gelişigüzel şekilli ve belli bir formu olmayan nesneler
- ✓ Aynalar, camlar ve kristal nesneler,
- ✓ Kariyerle ilgili sözler, deyişler ve onaylamalar,
- ✓ Kişisel anlamda kariyerle ilgisi olan başka nesneler.

Kariyer İçin Onaylamalar

Aşağıdaki listeden size gerçekçi gelen onaylamaları seçip yazın ve bunları evinizin, iş yerinizin, masanızın, ya da üzerinde çalıştığınız herhangi bir mekanın kariyer bölgesine/köşesine koyun. Ya da isterseniz, bu rehber olarak alıp kendi onaylamalarınızı yazabilirsiniz.

Kariyerim başarılı, ilham verici ve kârlı işlerle doludur.

Hayatımın işini yaparak büyüyor ve gelişiyorum.

Kariyerim boyunca hayatımın amacını gerçekleştiriyorum.

İşim yaratıcılığımın, neşemin ve hevesimin ifadesidir.

Pek çok olumlu fırsat ve durumla karşılaşmaktayım.

Kendim için doğru olan işi bilmeye ve yapmaya hazırım.

Bagua Haritası

BİLGİ VE KİŞİSEL GELİŞİM

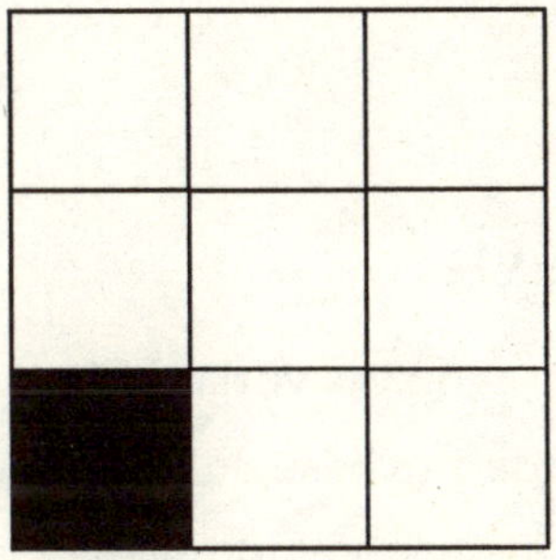

Bilgi ve Kişisel Gelişim bölgeniz üzerinde çalıştığınız mekanın ön sol köşesindedir.

I Ching'in Bilgi ve Kişisel Gelişim Hakkındaki Bilgeliği

"Dağ" anlamına gelen I Ching'deki *Ken* trigramı, Bilgi ve Kişisel Gelişim ile ilgilidir. Bu öğreti, sakin zihin ile akıllı zihin arasında doğrudan bir bağlantı olduğunu söyler. Zihni, yeni edinilmiş bir bilgi üzerinde yoğunlaştırmak cesaret isteyen bir iştir. Meditasyon, tefekkür, içe bakış gibi bazı "içsel dinginlik" çalışmalarını yaparak huzurlu bir zihin yapısına kavuştuğumuzda bilgiyi en iyi şekilde hazmederiz. Dağ, içimizdeki sessiz yüksekliklere tırmanmak, deneyimlerimizi değerlendirmek ve onları özümseyerek geri dönmeyi simgeler. İşte bu, kendimizi geliştirmektir. Gerçekten bilgili olmak sadece bilgi toplamaktan çok daha zordur. Bilgi, bilgeliğin çekirdeği olarak görülür. Öğrenme ve üzerinde düşünmenin besleyici etkisi sayesinde büyür. I Ching bize, dağda zaman geçirdiğimizde bilgi dağarcığımızın da çoğalacağını ve üretici olacağını hatırlatır.

Eğer,

✓ herhangi bir dönemde herhangi bir konuda öğrenim görüyorsanız;

✓ herhangi türde bir kendini geliştirme etkinliğine katılmışsanız;

✓ daha huzurlu bir zihin yapısına ya da hayat tarzına kavuşmak istiyorsanız;

Bilgi ve kendini geliştirme bölgelerinin/köşelerinin enerjisini artırın.

Bilgi ve Kişisel Gelişim Baguasının Kullanımı Hakkında Hikayeler

Kendi Yolunu Çizmek

Christine ve kızı Angie, okyanusa bakan harika bir evde yaşıyorlardı. Paranın alabileceği her şeye sahiptiler. Peki öyleyse Angie neden uykusuzluktan şikayet ediyordu? Ve son bir kaç ayda neden bu kadar kötü bir öğrenci olmuştu? Daha önceden hep akıllı, iyi eğitimli bir genç olmuştu. Şimdi ise halsiz ve solgundu, her zaman sevdiği okul projelerine katılmaktan uzak duruyordu. İlgili ve düşünceli bir anne olan Christine, bunun nedeninin ilaçlar ya da diyet olmadığını anlamıştı. Aile doktoru bunu geçici bir dönem olarak nitelemişse de Christine tatmin olmamıştı. Bir Feng Shui kontrolünden geçmeye karar verdi.

Christine beni, iyi aydınlatılmış evlerine götürdü. Ona, Angie'nin odasına göz atmama izin verip veremeyeceğini sordum, izin almak Feng Shui'yi uygulamanın çok önemli bir parçasıdır. Christine, izni kızının vereceğini söyledi.

Angie'nin odası tam anlamıyla bir genç odası olarak dekore edilmişti. Duvarları koyu, sert bir yeşile boyamıştı, bu da benim karanlık bir gecede bir ormanın derinliklerine dalmışım gibi hissetmeme neden oluyordu. Ayrıca mobilyalarının yerlerini de kendisi belirlemişti. Odanın kapısının solda, Bilgi ve Kişisel Gelişim köşesinde olduğunu hafızama kaydettim. Kapının arkasında bir çamaşır sepeti vardı bu nedenle ancak yarıya kadar açılıyordu. Christine'e, uykusuzluk ve okulun durumunun kötü gitmesinin odanın içinde yapılan değişikliklerle aynı zamanda başlayıp başlamadığın sordum. Kısa bir süre düşündükten sonra, Angie'nin odasındaki her şeyin yerini değiştirdikten kısa bir müddet sonra tüm havasının da kötüleştiğini fark etti. Bu durum zaman geçtikçe daha da kötüleşiyordu. Birdenbire, Christine odayı boşaltmaya, duvarları beyaza boyamaya ve tüm mobilyaları önceden oldukları yere koymaya hazır bir hale gelmişti. "Bir odayı değiştirmenin insanı da böylesine değiştirmesine inanamıyorum" diye yüksek sesle söylenmekteydi.

Öncelikle sakinleşmemizi ve odaya daha dikkatli bir şekilde göz atmamızı önerdim. Dikkatim, yatağın üstünde sağlık köşesine asılmış olan punk rock posterlerine yönelmişti. İskeletler ve kanlı bıçaklar kesinlikle beni uyutmayacak kadar korkutucuydular. Ayrıca koyu yeşil duvarlar zaman ilerledikçe daha da bunaltıcı oluyorlardı ve odayı gerçekten aydınlatabilecek her ışığı da emiyorlardı.

Angie'nin masası odanın arka kısmına götürülmüştü ve sandalyesi de kapıdan başka bir yere bakıyordu. Masanın üzeri dergiler, takılar, kemerler ve boyun bağları ile dolmuştu ve çalışmak için hiç yer yoktu.

"Burayı topladığı ilk zamanlarda masası çok düzenliydi. Fakat bu fazla uzun sürmedi" dedi Christine.

Yapılanlar ve Sonuçları :

"Yapılmasını önereceğim değişikleri kızın da kabul etmeli" dedim, " yoksa olasılıkla bir işe yaramazlar."

"Şu sıra mutsuz" diye kederli bir sesle konuştu Christine. "Sanırım düşüncelerini kabul edecektir."

Angie'nin çamaşır sepetinin odadaki büyük dolaplardan birinin içine koyulması gerektiğini böylece kapının rahatça açılıp kapanacağını söylemekle işe başladım. "Bu, onun duygularını hayatındaki olumlu fırsatlara tamamen açık bir hale getirecektir" açıklamasını yaptım.

Sonrasında duvarların koyu yeşil renginin değişmesi gerekiyordu. Boyanın üzerinin pastel renginde duvar kağıdı ile kaplanabileceğini söyledim. Duvar kağıdının rengini Angie seçmeliydi, fakat annesi onu çok sıkıştırmadan nötr reklere doğru yönlendirebilirdi. "Yeşil, çok büyük bir yüzey için çok koyu bir renktir ve bu ortamda yaşayan kişinin kendini cansız ve depresyonda hissetmesine neden olur" dedim.

Üçüncü olarak posterlere bir çözün bulmalıydık. Burada Angie'nin sevdiğini düşündüğü ve şiddeti tasvir eden grafik eserler vardı. İki öneri ileri sürdüm: ideal olanı, posterleri indirmesi ve yerlerine insanı rahatlatan ve ona ilham veren resimler seçmesiydi. Bu posterleri tutmakta ısrarlıysa ikinci bir seçenek daha vardı, yatağını posterlerden uzağa taşıyabilirdi, böylece uykuya dalmadan önce onları görmeyecekti. Christine. Angie'nin resimler alması hakkında planlar yapmaya başladı. Ondan, eğer Angie posterleri değiştirmeye hazır değilse, seçeceği resimlerin de gene aynı tarzda olacaklarını unutmamasını rica ettim. "O hazır olduğunda tavsiyede bulunman daha iyi olur," dedim.

Dördüncü olarak, masa, kapıya daha yakın bir yere, odanın ön tarafındaki Bilgi ve Kişisel Gelişim köşesine yerleştirilmeliydi. Böylece, Angie'nin odaya girerken ilk göreceği şey de bu masa olacaktı ve çalışırken kapıyı görebilecekti. İyi ışık veren bir masa lambası da şarttı ve Angie'nin durumu düzelene dek Ch'i'yi çekebilmek ve güçlendirmek için sürekli açık tutulmalıydı.

Masanın üzerindeki karmaşa beni dolaplara yönlendirdi, dolapların durumu tam bir kaostu. Buraları düzenlemek için çekmeceleri düzenleyip, elbiseleri askılara asacak ve Angie'ye yardım edecek organizatörlere ihtiyaç vardı.

Christine'i bir kaç ay boyunca görmedim. bir gün ona uğrayıp nasıl olduklarını görmek sordum.

"Oh, çok iyiyiz, biliyor musun, randevumuzdan sonra hep iyi şeyler oldu" diyerek son bir kaç ay içinde olanları anlatmaya başladı. Angie tüm önerilere karşı çıkmıştı. Öncelikle sadece çamaşır sepetini kaldırmayı ve masasının yerini değiştirmeyi kabul etmişti. Christine. masasının kapının yanına yerleştirilmesiyle birlikte okul ödevleriyle de ilgilenmeye başladığını düşünmekteydi. Sonra, Angie'nin yatağını posterlerden uzağa taşıdığını ve daha iyi uyumaya başladığını fark etmişti.

"Odası iki ay boyunca böyle kaldı ve ben de bunun yeterli olduğunu düşünüyordum, çünkü artık daha fazla enerjisi vardı ve okuldaki faaliyetlere katılıyordu" dedi Christine. "Sonra bir gün, bana gelip koyu yeşil renkli duvarlarını tıpkı bir arkadaşının yaptığı gibi beyaza boyamak istediğini söyledi.

Göründüğü kadarıyla, Angie ve arkadaşı için odanın rengini değiştirmek hafta sonunun en eğlenceli kısmını oluşturmuştu ve etkisi de müthişti.

"Bu hafta sonundan sonra Angie gerçekten kendisi gibi olmuştu. O her zamanki canlı kişiliğine dönmüştü. Sanırım ileride bir aktris olacak."

"Posterler ne oldu?" diye sordum.

"Odanın boyanması sırasında indirildiler ve Angie onları tekrar asmadı. Şimdi odanın her yanında melekler var."

Boşa Kürek Çekmek

Jenny, evini dekore etmek için yaptığı planlar hakkında biraz Feng Shui tavsiyesine ihtiyaç duymaktaydı. İşte ve gece okulunda geçen uzun bir günün sonunda eve geldiğinde evini nasıl daha güzelleştireceğini hayal etmeye başlıyordu. Planlarının büyük bir kısmı duvarları yıkıp, odaları genişletmeyi içerdiğinden profesyonel bir yardım istemenin zamanının geldiğine karar verdi. Telefon konuşmamızdan anladığım kadarıyla Jenny bir enerji fırıldağıydı çünkü telefonda söylediklerinin tek bir kelimesini bile anlamamıştım. Zihninin çılgın ve karmaşık olduğu hissine kapıldım. Evine duyduğum ilgi kışkırtılmıştı.

Jenny'nin evi dikdörtgen planlıydı, ön giriş kariyer bölgesinde ve garaj da Bilgi ve Kişisel Gelişim bölgesindeydi. Beni karşılamak için kapıdan koşarak çıktı ve aceleyle evde genel bir tur attık. Gezerken, evini daha büyük, daha iyi, daha aydınlık ve daha güzel yapmak için kurduğu fantezileri uzun uzun açıklamaya başladı. Garajın iç kapısının önüne geldiğimizde birdenbire durduk. Jenny garajın bu işin dışında olduğunu söyleyerek beni oturma odasına götürmek istedi.

"Fakat burası da evin bir parçası ve Feng Shui'de her parça önemlidir" diye açıkladım.

"Ama beni ilgilendiren kısmın değil"diyerek karşı gelmek istedi.

Kendisine, oturup Feng Shui'nin prensipleri ve Bagua haritası hakkında konuşmayı önerdim. Eğer hala bana garajını göstermek istemezse kendisi bilirdi. Bundan çok hoşlanmadığını söyleyebilirim, fakat esas sorunun garajda olduğunu hissetmekteydim. Garajdaki Ch'i'nin evin geri kalanı ile ilişkili olduğunu ve onun bilgi ve kendini geliştirme Ch'i'sini kapsadığını açıkladım. Burası gece okuluna devam etmesiyle ilgili olarak kontrol edilmesi gereken son derece önemli bir bölgeydi. Öngörülmemiş bu bilgi kırıntısını alırken ifadesiz bir şekilde sessiz kaldı. Feng Shui randevusundan tek beklediği hangi duvarın yıkılması gerektiğini öğrenmekti.

"Garajında duran şeyler seninle sürekli iletişimde bulunurlar" dedim. "Sadece, güzel şeyler söyleyeceklerinden emin ol."

Jenny homurdanarak, "Pekala, içeride bu düşünceleri edinebileceğimizden emin değilim fakat gene de görebilirsin" dedi.

Garajın içi tam anlamıyla bir kaostu. İçerisi her türden mobilya ile doluydu ve diğer şeyler de yerden tavana kadar yığın yapılmış ve farklı yönlere bakar şekilde duvara asılmıştı. Arabasına yer açmak için bir kısmı boşaltmıştı ve eve açılan kapı ile araba arasındaki yol da belirgindi.

"Ne diyebilirim ki? Bu eşyaları kullanabilir, satabilir ya da arkadaşlarıma verebilirim" diye açıklama yaptı. "Tüm bu döküntünün benim düşünme becerimi etkilediğini mi söylemek istiyorsun?"

"Doğrusunu söylemek gerekirse, evet. Olasılıkla buraya her girişinde ve garajı her düşünmende bu, aklını durduruyor."

"Tanrım belki de bu nedenle her zaman gevezelik ediyorum" diye dalga geçti. "Kendimi sürekli olarak yapılması gereken işlerin altında boğulmuş hissediyorum. Aklım başımda değil."

"Ve bu eve daha başka şeyler de yapmak istiyorsun..." diye devam ettim. "İzin verirsen öncelikli projenin bu garaj olmasını öneririm. Burayı temizle ve düzenle, olasılıkla tüm hayatın değişecek. İşte senin Feng Shui görevin : garajında büyük bir satış düzenle, garajını genel anlamda düzenle ve bir tür meditasyon ya da içe bakış tekniği öğren. Zihinsel açıklığının ve sakinliğinin fazlasıyla gelişeceğinden eminim."

Yapılanlar ve Sonuçları :

Buluşmamız, Jenny'yi bazı derin ruhsal çözümlemelere itmişti. Garajına o kadar şeyi neden asmıştı? Kendisi için gerçekten doğru eğitimi mi alıyordu? Neden hep böyle çılgınca davranıyordu? İçerilerde bir yerlerde çok yorgun olduğunu ve kendisi için biraz zaman ayırması gerektiğini fark etti. Döküntü koleksiyonunu dağıtmak için üç kez garajında satış düzenledi ve bunun sonucunda çok iyi para kazandı. Bu parayı da meditasyon teknikleri öğrenmek ve dağda bulunan bir dinlenme merkezinde kalmak için kullandı. Geri döndüğünde öğrenimine gene devam edecekti fakat bu sefer kendisine biraz dinlenme zamanı ayırmak için okulunu haftada bir akşama indirmeye karar verdi.

Son yaptığımız konuşmada, cümlelerimi tamamlamaya fırsatım olduğunu ve Jenny'nin de sakin ve gevşemiş olduğunu fark ettim.

"Evini genişletmek için yaptığın planlara ne oldu?"diye sordum.

"Boşver onları"diye cevap verdi. "Her şey için yeterince yerim olduğunu anladım. Garajdaki o korkunç yığını temizlemenin bir şekilde hayattan daha fazla zevk almama etkisi olduğuna inanmak çok zor geliyor, fakat sanırım tam da böyle oldu."

Bilgi ve Kişisel Gelişim Bölgesi İçin Yapabileceğiniz Düzenlemeler :

Bilgi ve Kişisel Gelişim Bagua bölgesinin enerjisini iyileştirmek istiyorsanız aşağıdaki listede bulunan maddelerden birini ya da bir kaçını kullanın :

- ✓ Sürekli olarak okunan kitaplar, kasetler ve diğer malzemeler,
- ✓ Dağlara ya da sessiz yerlere ait posterler, resimler, kolajlar ve fotoğraflar; meditasyon yapan, düşünen ya da dinlenen eğitmen ve bilge kişilerin figürleri.
- ✓ Siyah, mavi ve yeşil renkte eşyalar,
- ✓ Bilgi ve Kişisel Gelişim ile ilgili deyiş, onaylama ve ilham verici sözler,
- ✓ Bilgi ve Kişisel Gelişimle kişisel anlamda ilgisi olan başka eşyalar.

Bilgi ve Kişisel Gelişim İçin Onaylamalar

Aşağıdaki onaylamalardan beğendiklerinizi seçin, yazın ve bunları evinizin, masanızın ya da üzerinde çalıştığınız herhangi bir yerin Bilgi ve Kişisel Gelişim bölgesine /köşesine yerleştirin. İsterseniz aşağıdaki onaylamaları rehber olarak alıp kendi onaylamalarınızı da yazabilirsiniz.

Yeni öğreti ve bilgileri kolaylıkla ve zevkle özümseyebiliyorum.

Öğrenme kabiliyetime güveniyorum.

Sürekli olarak öğrendiğimin ve büyüdüğümün bilincinde olarak, yaşamımın her anında rahatım.

Bildiklerimi başkaları ile paylaştığımda huzurlu ve sakinim.

Ben, akıllı ve bilgili bir insanım.

Şartlar ne olursa olsun, ne yapacağımı ve ne söyleyeceğimi hep bilirim.

BAGUA HARİTASININ MERKEZİ

Bagua haritasının merkezi, yin ve yang'ın mükemmel bir dengede bulunduğu nötr bir bölge, bir barış yeri olarak kabul edilir. Buraya ait bir trigram ve bununla ilgil tek bir hayat yolu yoktur. Yaşam, merkezin çevresinde akar ve döner. Meditasyon yapmak, düşüncelere dalmak ya da "sessiz" bir oda, bir avlu için ya da size tüm etkinlikler sırasında merkezlenmiş kalmayı hatırlatacak bir nesne veya sanat eseri için mükemmel bir bölgedir. Bagua'nın merkezi Yer elementiyle ilişkilidir, hayatımızın akışını sağlam bir temele oturtmamızın önemine işaret eder. Bu merkez, içinde yaşamak ve çalışmak için kullanacağımız kişisel cennetlerimizi yarattığımızda ve kendi içimizde topraklanmışlık ve merkezlenmişlik duygusu geliştirdiğimizde daha da güçlenir.

Toprak elementi sarı renkte ve toprak renginin tonlarıyla ilgilidir. Ayrıca kare veya dikdörtgen şekliyle simgelenir. Gözünüzün önüne Çin paralarını getirdiğinizde,yuvarlak şekilli paraların ortasının kesilerek açılmış olduğunu farkedersiniz.

Bir ağacın ışığa ya da bir hayvanın suya yönelmesi gibi ben de güzelliğe yöneliyorum. Bu, çirkin kabul edilen özellikleri görmezlikten gelmeyen ve şeylerin doğasındaki doğru olana ulaşan bir beslenme ve gerçektir.

- Andy Goldsworthy

8. *Ch'i Seviyesini Arttırmak İçin Kullanılabilecek Temel Feng Shui Araçları*

Bir mekan içindeki Ch'i'yi düzenlemek, sabitlemek, iyileştirmek ve dengelemek için kullanılan ve zaman içinde yararları kanıtlanmış temel Feng Shui araçları vardır

Yaptığımız düzenlemelerden en büyük yararı almak için, seçiminizin gerçekten hoşunuza gittiğinden emin olun. Onları, size ait yapın. Olumlu, zevkli sonuçlar yaratabilmek için oluşturabileceğiniz sayısız kombinasyon vardır. Feng Shui'yi uygularken bırakın, yaratıcılığınız ve üslubunuz kendini belli etsin. Düzenlemeleriniz, onları gördüğünüz her seferinde hoşunuza gidiyorlarsa en iyi şekilde işe yarayacaklardır.

Bu on temel araç şunlardır :

1)Renkler

Renkler sürekli olarak çevremizi sararlar ve üzerimizde güçlü birer etkileri vardır. Renklerin kullanıldığı pek çok kültürel, mevsimsel ve simgesel anlam ve kurumlar tarafından şartlandırılırız. Örneğin, Amerika'da beyaz renk, evliliğin ve saflığın sembolüdür. Çin'de ise beyaz çoğunlukla keder ve ölümle ilişkilendirilir. Amerika'da kırmızı çoğunlukla bir tehlikeyi haber vermek için kullanılırken Çin'de kutlama ve iyi talihin rengidir. Bizde siyah, yas ve ölümün rengidir, Çin'de ise siyah renk, bolluk ve hayırlı fırsatlarla ilgilidir.

Feng Shui'de renkler esas olarak beş elementi ve Bagua haritasındaki dokuz köşeyi simgeler. Çevremizi renk çeşitliliği ile donatmak, mekan içindeki tüm Ch'i'yi dengeler. Evimizde ve iş yerimizde özel düzenlemeler yapmak için renkleri belli anlamlar dahilinde uygulayarak olumlu değişikliklerin olmasını ve canlılığın gelmesini teşvik edebiliriz. Renkleri, Feng Shui amacıyla kullanacaksanız her zaman sevdiğiniz tonları seçin. Kırmızı renk, pembeden şarap kırmızısına dek; mavi, çivit mavisinden denizci mavisine dek uzanan tonlarda olabilir. Başka herhangi bir Bagua düzenlemesinde de kullanmayı isteyebileceğiniz renkler kişisel cennetinizi yaratmak için güçlü birer alettirler. Ve her zamanki gibi, Bagua renkleri size hitap etmiyorsa, Bagua'yı iyileştirmek veya elementleri dengelemek için başka bir yol seçin.

Renk ilişkileri çoğul olarak verilmiştir çünkü daha önce de söylendiği gibi her rengin on binlerce çeşitlemesi vardır (bir sonraki sayfadaki tabloya bakınız).

Renkler, Bagua bölgelerine çok çeşitli yollarla uygulanabilir. Refah bölgesinde bulunan bir duvar canlı veya pastel tonda lavanta, mavi veya kırmızı ile boyanabilir. Her türden sanat eseri renkleri nedeniyle seçilebilir, örneğin kariyer köşesine siyah renklerle yazılmış bir kaligrafi, sağlık ve aile köşesine mavi ve yeşil renklerin hakim olduğu bir manzara resmi ya da aşk ve evlilik köşesine aşıkları tasvir eden pembe renkte bir alçı heykel konabilir. Mobilya ve döşemeler de renkli Bagua unsurları olabilir, örneğin bilgi köşesine yeşil renkte bir kitap rafı, şöhret köşesine şarap rengi bir kitap okuma koltuğu ya da Yaratıcılık ve Çocuklar köşesine canlı beyaz renkte bir masa çok iyi gidebilir.

Renkler, incelikle ve canlı bir şekilde beş elementin enerjilerini dengelemek ve iyileştirmek için kullanılabilir. Renkleri kullanarak elementler üzerinde çalışmayı seçebilirsiniz. Ahşap yer döşemesi (ağaç), leylak veya şeftali rengi duvarlar(ateş) ve bej ya da toprak rengi bir tavan (yer) ile krem beyazı bir mobilya (metal) ve siyah veya koyu renkli aksesuarlar (su) bir oda içinde renkler kullanılarak tüm elementlerin temsil edilmesinin iyi bir örneğidir.

Temel renklerin tümü tek bir parçada da toplanabilir. Fazlasıyla nötr olan bir odayı renkleriyle tüm elementleri temsil eden ve o mekanın içinde iyi giden bir eşya ekleyerek değiştirebilirsiniz.

Bagua Bölgesi	***Element***	***Renkler***
Sağlık ve Aile	Ağaç	Mavi ve Yeşil
Refah ve Başarı		Mavi, kırmızı ve mor
Şan ve Şöhret	Ateş	Kırmızı
Aşk ve Evlilik	Metal	Kırmızı, pembe ve beyaz
Yaratıcılık ve Çocuklar		Beyaz ve pasteller
Yardımcı insanlar ve seyahat		Beyaz, gri ve siyah
Kariyer	Su	Siyah ve koyu tonlar
Bilgi ve Kendini Geliştirme		Siyah, mavi ve yeşil
Merkez	Toprak	Sarı ve toprak rengi tonları

2) Aynalar

Aynalar, Ch'i'yi hareket geçirir, düzenler ve dolaştırır. Feng Shui'de, odaları daha geniş göstererek, ışığı yansıtarak, koruma sağlayarak, Ch'i'nin dolaşımını yeniden düzenleyerek, "kayıp" duvarları göz önünden uzaklaştırarak ve pencere ve görüntüleri iki katına çıkararak pek çok soruna çözüm olabilirler. "Feng Shui'nin aspirinleri" de denen aynalar, küçük alanları daha büyük göstermek ve çok kapalı veya mimari olarak tek tarafa meyilli alanlardaki dengeyi düzeltmeye yararlar. Çoğunlukla, binaya giren insanlara mekanı daha büyük göstermek için girişlerde kullanılırlar. Bir odanın iki duvarı farklı yükseklikteyseler, Ch'i'yi yükseltmek ve mimari görünüşü dengelemek için daha alçak olan duvara bir ayna yerleştirilebilir. Köşeler odanın içine doğru çıkıntı yapıyorlarsa ya da merdiven basamakları yukarıdan aşağıya doğru eğimliyseler, aynalar bu yapısal kusurları yansıtacak ve Ch'i'yi tekrar çevrede dolaştıracak şekilde yerleştirilirler.

Aynanın boyutu hakkındaki genel kural "daha büyük, daha iyidir." Tüm bir duvarı ayna ile kaplamak çoğunlukla bir oda içinde dinamik, olumlu bir değişim yaratırken, bir ya da iki Bagua köşesinin enerjisini de düzenler. Büyük de olsa küçük de olsa tüm aynalar, en azından başınızı görebileceğiniz yüksekliğe asılmalıdır. Görüntünüzün kesilmesi ve kendinizi görmek için doğal bir şekilde ayakta durmak yerine bedeninizi alçaltmak ya da yükseltmek Ch'i'nizi tüketebilir. Aynalı tavanlar, birbiri üzerine binmiş şevli modeller ya da donuk antika aynalar gibi görüntünüzü bozacak ya da kesecek aynalardan kaçınmak gerekir.

Aynalar, su elementine aittir. Su, ateşi kontrol ettiği için aynalar çoğunlukla şömine gibi yerlerin üzerine asılırlar, böylece yansıtıcı su, ateşli Ch'i'yi dengeleyebilir.

Aynalar, Bagua köşeleri veya elementlerden herhangi biriyle ilgili olan şekilleri devreye sokmak için kullanılabilirler. Örneğin, metal elementinin şekli olan yuvarlak veya oval şekilli bir ayna, yaratıcılık veya çocuk köşesi düzenlenirken kullanılabilir. Ağaç elementine ait olan sütuna benzer şekilde bir gardırop aynası sağlık ve aile köşesi için mükemmel bir seçimdir. Aynalar aynı zamanda oda içinde konfor ve güvenlik duygusunu da sağlayabilirler. Girişi yansıtacak şekilde yerleştirilmiş aynalar, arkaları kapıya dönük olarak oturan kişilere girişte neler olup bittiğini gösterirler.

Ayna konmasının uygun olmadığı bazı yerler de vardır. Uzun bir holün sonuna asılmış bir ayna sadece bu uzunluğu iki katına çıkarır. Bunun yerine aynayı, bu hole açılan kapının karşısına gelen yere asın. Bu, holü genişletir ve hole girerken insanların Ch'i'sini düzenler. Yatağın karşısına gelen aynalar sinir bozucu olabilir, özellikle de gece boyunca uykusu bölünen kişiler için. Yansıyan hareketler, yarı uyuyan birini ürkütebilir ve kaçınmak gerekir.

Unutmayın : aynalar Ch'i'yi uyarır ve dolaştırır ve yatak odasına çok fazla "uyanık" enerji getirir. Ve ne kadar büyük ve güzel olurlarsa olsunlar, birbiri karşısına asılmış aynalar sonsuzluğa giden bir görüntü yaratırlar, bu da insanların yön duygusunun kaybolmasına ve yaşamsal Ch'i'nin tükenmesine yol açabilir.

3) Aydınlatma

Aydınlatmanın içine elektrikli lambalar (elektrik ampulü veya halojen), mumlar ve doğal gün ışığı girer. Aydınlatma çoğunlukla, verdiği sıcaklık ve ışık sayesinde bir mekana Ch'i'yi getirmenin çabuk ve kolay bir yoludur, özellikle bu mekan karanlıksa. Işıklar sıklıkla, alçak bir tavanı görsel olarak yükseltmek için kullanılırlar.

Kapı dışında, sokak lambaları ya da yukarıdan aydınlatma ile kayıp bir Bagua bölgesini yakalamak mümkündür. Evleri bir tepenin eteğinde ya da alçak bir yerde olan kişiler. evin dört köşesini ışıklandırarak bu mekanı sembolik olarak yükseltebilirler.

Flüoresan lambaları ışık tayfının sadece bir kısmını yayarlar, bu da bir oda içindeki Ch'i'nin ve burada çalışan veya yaşayan kişilerin Ch'i'sinin tükenmesine neden olur. Flüoresan lambalara ful spektrum karpuzları takmak sorunu çözebilir. Gene de flüoresan ışığının titremesi insanların Ch'i'sini tüketir. Elektrik ampullerinin ve halojen lambanın bazı Bagua köşelerinde kullanılması, bu köşeler flüoresan lambayla aydınlatılan bir mekanda bile bulunsalar iki amaca hizmet edebilir; Bagua köşesinin enerjisini iyileştirir ve genel olarak ışıklandırmanın dengelenmesine yardımcı olur. Mümkün olan her yerde, uzun süreler boyunca tepenizde yanan flüoresan ışığını kısın ya da kapatın.

Şömineler harika birer ısı ve ışık kaynağıdırlar ve ateş elementinin güçlü bir temsilcisidirler. Gene de boyutları büyük olduğu için çok hararetli olabilirler ve bulundukları mekandaki Ch'i'yi yakabilirler. Bir şöminenin enerjisini dengelemek için şunları yapabilirsiniz :

- ✓ Ateş etkisi vermek için şöminede her zaman kütük bulundurun ve bu kütükleri estetik bir şekilde yerleştirin.
- ✓ Ateşi elementsel olarak dengelemek için şöminenin yanına su elementini temsil eden bir sembol koyun. Bir su kasesi, evin içinde bulunan bir havuzcuk, bir ayna cam bir şömine kapısı veya kristal süslemeler bu işe yarayabilir.
- ✓ Kullanılmadığı zamanlarda, şöminenin ağzına sağlıklı bitkiler, taze çiçekler veya güzel bir örtü koyun.
- ✓ Şömine ağızlarına mumlar, özel kayalar, çiçek aranjmanları, su kaseleri, heykeller, tütsüler koyarak yaratıcılığınızı gösterin ve yuvanıza şekil verin.

4) Kristaller

Feng Shui'de yuvarlak yüzeyli kristaller, insanın rahatsız edecek kadar hızlı ya da yavaş hareket eden Ch'i'yi dengelemek için kullanılırlar. Çok hızlı akan Ch'i'yi dağıtırlar ve ağır Ch'i'yi de harekete geçirirler. Ayarlayıcılar olarak, Ch'i'yi küçük bir pencereden içeri yönlendirebilir ve içeride dolaştırabilirler ya da merdivenden aşağı ya da bir holde çağlayarak akan Ch'i'nin hızını kesip dolaşmasını sağlayabilirler. Boyutları nedeniyle, genellikle, dar bir hol ya da küçük bir salon gibi başka bir çözüme yer olmayan mekanlarda kullanılırlar. Baş seviyesinin üzerinde bir yerlere asarsanız, o da Ch'i'nin rahatsız etmeyecek şekilde dolaşmasını sağlar, bu Batı tarzı bir ev veya ofis için çok yararlı bir yöntemdir. Boyutlarının aksine olarak kristaller güçlü birer Ch'i yöneticileridirler ve herhangi bir Bagua alanında bir düzenleyici olarak ya da yapısal rüzgarları dengelemek için kullanılabilirler.

Feng Shui'de klasik bir billur kristalin, Ch'i'yi mekan içinde tam olarak dolaştırabilmesi için yuvarlak şekilli olması gerektiği kabul edilir. Boyutları, asılacağı mekanın boyutlarına bağlıdır. İnsanların başlarının üzerinde tehdit eder gibi görünmemesi için çok da büyük olmaması gerekir. Çoğunlukla yuvarlak yüzeyli ve 2 - 3 cm çapında bir kristal iş görür.

Sekizgen yüzeyliler, kalp şekilli ve yağmur tanesi şekilli kristaller de gün ışığını yakalamak ve mekanı gökkuşağının renkleri ile doldurmak için pencere kenarına konduklarında harika birer Ch'i düzenleyici olurlar. Gökkuşakları insanların Ch'i'lerini artırmaya ve onlara ilham vermeye eğilimlidirler ve içeriye beş elementi de temsil eden renkleri getirmek için çok iyi bir yoldur. Billur kristaller özellikle su elementi ile ilişkilidir ve örneğin güneş ışığını bol alan bir pencere gibi ateş elementinin hakimiyetinde olan köşelere denge getirmek için kullanılabilirler.

5) Ses Üreticileri

Rüzgar çanları, çıngıraklar ve müzik aletleri gibi uyumlu ses üreticiler içeriye yararlı Ch'i'yi davet ederler. Kariyer, aşk ve yaratıcılık köşeleri gibi Bagua alanlarına yerleştirildiklerinde çekici sesleriyle yeni fırsatları çağırırlar.

Bu nesnelerin çıkardıkları seslerin kulağımıza tam anlamıyla uyumlu gelmeleri çok önemlidir. Örneğin, rüzgar çanları çok hoş sesler çıkartabilecekleri gibi akortsuz sesler de üretebilirler, bu nedenle sesleriyle kulaklarınızı tırmalıyorlarsa onları ortadan kaldırın.

Müzik aletleri de, ahenkli bir Ch'i'ye ihtiyaç duyan Bagua köşelerine yerleştirilebilirler. Bambu flütler, Ch'i' seviyesini artırmak ve yönlendirmek için kullanılan klasik Bagua düzenleyicileridir.

Kulakta hoş bir ezgi bırakan bir müzik seçmek herhangi bir mekandaki Ch'i'nin artırılması için çok güçlü bir yoldur. Stresli ofis ve ev ortamı, doğru müzik seçilerek ya da okyanus, çayır, orman gibi doğa seslerinin olduğu kayıtlar çalınarak yumuşatılıp, sakinleştirilebilir. Aynı zamanda müzik, bulunduğu Bagua bölgesine pozitif Ch'i yükleyecektir. Hangi tür müziğin sizde romantik, yaratıcı ya da yol gösterici düşünce ve duygular uyandırdığını belirleyebilir ve üzerinde çalıştığınız Bagua köşesinin enerjisini düzenlemek için kullanabilirsiniz.

6) Canlılar

Bu kategorinin içine düzenli olarak bakım gerektiren bitki, çiçek, evcil hayvan, yabani hayat gibi şeyler girer.

Sağlıklı bitkiler ve taze çiçekler potansiyel olumlu Ch'i taşıyıcılarıdır. Feng Shui'de herhangi bir Bagua köşesi için büyük bir başarıyla kullanılabilir. Çiçekli bitkiler ve çiçek demetleri içlerine kondukları saksılarla birlikte, Bagua renklerine uygun düşecek şekilde seçilebilirler. Örneğin, mavi renkli bir seramik saksı içinde bulunan mor bir gloksinya refah köşesini canlandırabilir, kırmızı renkli bir cam vazoda duran kırmızı karanfiller veya beyaz bir sepet içine konmuş bembeyaz tavşan kulakları da yaratıcılık ve çocuk köşesinin enerjisini artırabilir.

Bitkileri seçerken, büyük, yuvarlak, "dost canlısı" yaprakları olan bitkileri ya da genellikle yumuşak, hoş bir görünümleri olan özellikle de palmiye gibi bitkileri seçin. Yaprakları tehdit edercesine keskin ve sivri olan bitkiler Bagua köşelerini düzenlemek için önerilmez. Bu sınıfa yuka bitkileri girer. Onları kolayca tanıyabilirsiniz; uçlarına dokunduğunuzda elinize batarlar. Her bitkiye gereken ışığın, bulundukları ortamda olup olmadığından emin olun. Genel olarak, yapışkan uçları olan kaktüsler, ilgili Bagua köşesine olumlu bir kişisel bağlılığınız yoksa pek tavsiye edilmez.

İpek ve plastikten yapılmış yapma çiçekler canlı çiçeklerin yerine kullanılabilirler. Işık çok az ya da bakım bir sorunsa, yapma bitki ve çiçekler bazen en iyi seçenek olabilmektedirler. Canlı olsalar da olmasalar da, önemli olan sağlıklı ve sulu gözükmeleridir. Kurumuş ya da bakımsız bitkiler sadece bulundukları yerdeki Ch'i'yi öldürürler. Bagua bitkileri ve çiçeklerinizin mutlu ve sağlıklı olduklarından emin olun. Bu da kesilmiş çiçekleri, kuruma işaretleri vermeye başladıkları anda ve saksıdaki bitkileri de hasta, dağılmış veya böceklerce yendikleri zaman değiştirilmeleri gerektiği anlamına gelir. Herhangi bir Bagua köşesini, bitki hastanesi olarak kullanmak asla önerilmez!

Dışarıda, enerjinin düzeltilmesi gereken yerlerde ağaçlar dikilerek ya da bahçe düzenlemesi yapılarak Bagua dengelenebilir. Örneğin, güzel bir ağaç, karenin köşelerinden birini oluşturmak ve L planlı bir binayı tamamlamak için dikilebilir. Ağacın çevresine güzel bir görüntü vermek o alana daha fazla canlandırıcı

Ch'i getirecektir. Üzerinde çalıştığınız Bagua köşesiyle ilişkili olan renklerde çiçek ve bitkiler seçilebilir, örneğin aşk köşesine pembe güller ya da refah köşesine kırmızı bir bitki koyulabilir. Bagua bahçeniz, "bitkilerle bezediğiniz" ve her gördüğünüzde sizi güzellik ve enerji ile besleyen büyük ve dinamik bir başeser yarattığınız bir tuval olabilir.

Bitkiler ve çiçekler, ağaç elementinin sembolleridir ve kare planlı ve kare ve dikdörtgen pencerelere, kapılara ve mobilyalara sahip bir ev gibi toprak elementinin hakim olduğu bir mekanı dengelemek için kullanılabilir. Batı tarzı evlerin çoğu bu tanıma uyar.

Hayvanlar da, tıpkı bitkiler ve insanlar gibi hassas ve sevgi dolu bir bakıma ihtiyaç duyarlar ve canlılıkları ve kişilikleriyle sizi ödüllendirirler. Yaşlı hayvanlar bile, sevildiklerinde ve iyi bakıldıklarında altın yılları boyunca Ch'i'yi iyileştirmeye devam ederler. Ama, iyi bakılmamış bir hayvan, bulunduğu mekandaki Ch'i'yi tüketir. Çocukların hamsterlerinden, akvaryumdaki balığa ve yavru kedilere dek tüm hayvanların ihtiyaçlarının karşılandığından emin olun. Mümkünse, yabani kuşları ve vahşi hayata ait diğer hayvanları besleyerek de daha fazla Ch'i davet edebiliriz. Yabani hayvanlar için konulan bir yemlik, dışarıda bulunan bir Bagua bölgesinin enerjisini iyileştirmek için harika bir seçim olabilir. Şehir içindeki bir evin penceresine konmuş bir kuş yemliği, oraya her gün tadını çıkarmaya yetecek kadar besleyici Ch'i ile birlikte doğayı da getirebilir.

İster vahşi ister evcil olsunlar, hayvanlar ateş elementi ile ilişkilidirler.

7) Doğal Nesneler

Doğal nesneler, belli bir bakım gerektirmeyen taşlar, çam kozalakları, kuru çiçekler, ağaç parçaları, kabuklar ve tütsü gibi şeylerdir. Bu nesneler sizin için kişisel bir anlam da ifade ediyorlarsa evinizde veya ofisinizde güçlü birer Ch'i düzenleyici olabilirler. Balayı sırasında bulunmuş güzel bir deniz kabuğu, aşk ve evlilik ile ilişkili Bagua bölgesi için mükemmel bir parçadır. İşinizden ayrı kaldığınız bir dönemde topladığınız tohumlar gelişen bir kariyeri simgeleyebilir.

Gökkuşağının tüm renklerindeki taşlar, yaratıcılıkla ilişkili Bagua bölgesinde sanatsal ifadeyi akla getiren nesnelerdir.

Taşlar, kaya parçaları ve külçeler gibi doğal nesneler açık havada yapılan Bagua düzenlemesinde bir araya getirilebilirler. Şekilleri, boyutları ve üzerlerindeki işaretler nedeniyle seçilen taş ve kaya parçaları Çin'de genellikle değerli sanat eserleri gibi görülürler ve özenle yontulmuş heykeller kadar pahalı olabilirler. Büyük doğal enerji depoları olarak kabul edilirler ve yerleştirildikleri Bagua bölgesine çok miktarda iyi Ch'i verirler. Güzel şekillere sahip ağaç kökleri ve ağaç dalları, Ch'i'yi iyileştirirken aynı zamanda hayal gücümüz de harekete geçirirler. Herhangi bir Bagua bölgesine yerleştirilebilirler. Tüm doğal nesnelerin pek çok yüzeyi vardır. Onlarla çalışırken, tıpkı bir yuvanın üzerine bir elmas koyar gibi ilham verici özellikleri belli olacak şekilde yerleştirin.

8) Suyun Kullanıldığı Mimari Elemanlar

Mekanın içinde ve dışında, su öğesi eklenerek oluşturulan mimari elemanlar Ch'i'yi hareket geçirir ve uyarır. Çeşmeler ve küçük şelaleler hem Ch'i'yi dolaştıran ve tazeleyen hem de gözü ve kulağı dinlendirecek güzel bir yer sağlayan görsel ve işitsel unsurlar olarak görev yaparlar.

Su sesinin, kulağınıza tam olarak doğru geldiğinden emin olmalısınız, çünkü içeride de dışarıda da olsanız, sesi yanlış bir şekilde ayarlanmış çeşmeler, tuvalete yaptığınız ziyaretlerin sayısını artırabilir.

Evin içine yapılmış çeşme ve küçük şelaleler, herhangi bir Bagua bölgesinin Ch'i'sini iyileştirmek için mükemmel seçimlerdir. Su elementinin doğrudan para akışıyla ilişkisi olduğu için, refah ve kariyer bölgelerinde özellikle güçlü kabul edilirler. Bir çeşme veya küçük bir şelale, bitkiler, kayalar ve diğer doğal nesnelerle desteklendikleri zaman mekan içinde yapılmış kutsal bir yerin merkezinde olabilirler.

Bu tür mimari elemanlar aynı zamanda açık havada bulunan "kayıp" Bagua bölgelerini dengelemek ve evinizin veya ofisinizin Ch'i'sini iyileştirmek için mükemmel seçimlerdir. Binanın köşesinin ya da dış duvarının olması gereken yeri "doldurmak" için yerleştirildiklerinde canlı Ch'i'nin akışını ve dolaşımını sağlayarak yapıyı da sembolik olarak tamamlarlar. Yapıyı dengelemek için, su öğesi eklenerek dışarıya yapılan mimari elemanlar, boyut açısından belirgin olmalı ve eğer uygunsa yüzü binaya bakmalıdırlar. Bina ne kadar büyükse, kayıp alanı dengelemek için de o kadar büyük olmaları gerekmektedir. Örneğin, yaklaşık 600 m^2 büyüklüğünde bir ev en azından 1,30 m yüksekliğinde bir çeşme ya da şelaleciğe ihtiyaç duyar.

Dışarıya yapılmış ve su kullanılarak yapılmış her mimari eleman yabani hayatı da çeker ve Ch'i'yi daha da uyandırıp canlandırır. Temiz su ile doldurulmuş kavanozlar, kaseler, havuzlar ve kuşlar için banyo küvetleri, boyutlarının bulundukları yere uygun olmaları durumunda Ch'i'yi iyileştirmek için kullanılabilecek seçeneklerdir.

9) Rüzgar Dansçıları

Rüzgarda uçuşan nesneler, fırıldaklar, bayraklar ve rüzgargülleri gibi "rüzgar dansçıları" ister parlak renklere boyanmış ve acayip görünümlü olsunlar, ister ciddi sanat eserleri olsunlar Ch'i'yi artırır ve canlandırırlar.

İçeride sıklıkla, büyük mekanlar ve yüksek tavanlarla elde edilmiş açık alanları doldurmak için kullanılırlar. Örneğin, refah bölgesinde, yüksek bir tavandan aşağı sarkıtılmış mor renkli bir bayrak mekana ilgi çekici üç boyutlu bir nokta ekler ve sürekli olarak bolluk ve bereketi hatırlatır. Rüzgarda uçuşan nesnelerin boyutları geniş bir yelpazeye yayılır ve kristal, doğal nesneler, metal, kağıt ve cam da dahil olmak üzere her şeyden yapılabilirler. Yaratıcılık bölgesine asılmış bir kristal, sembolik olarak yeni düşünce ve ilhamları doğurur. Sağlık köşesine konmuş doğal bir nesne doğanın bize verdiği sağlıklı olma duygusunu akla getirir. Yardımcı insanlar köşesine asılmış ve melekleri tasvir eden bir resim, insanların hayatımıza getirdikleri hayırlı durumları ve eş zamanlılığı hatırlatır.

Dışarıda, rüzgar dansçıları hareketlilikleri ve görsel çekicilikleri ile Ch'i'yi içeri davet ederler ve dolaştırırlar. İş yerlerine ve evlere dikkati ve iyi Ch'i'yi çekerler ve akıldan çıkmayan dönüm noktaları oluşturabilirler. Bir binadaki kayıp köşeyi belirtmek ve binanın planını sembolik olarak tamamlamak için bir bayrak direği kullanılabilir. Bu bayrak sevdiğiniz bir şeyi temsil edebilir - ülkeniz, sevdiğiniz renkler, özel ilgi alanınız, sembolünüz veya logonuz. Fırıldaklar ve balkonlara, verandalara ve saçaklara asılmış bayraklar Ch'i seviyesini artırabilir ve binanın Bagua bölgelerinin enerjisini düzenleyebilir.

10) Sanat

Resim, heykel, kolaj ve tekstil ürünleri gibi her türden sanat eserinin insanlar üzerinde güçlü birer etkileri vardır. Önemli olan, Ch'i'yi çeşitli Bagua bölgelerinde emniyet altına almak ve genel olarak Ch'i'yi iyileştirmektir, sanat eserleri, enerjisi düzenlenecek bölgeyle ilişkili olumlu imajları ve duyguları sağlamak için gereklidir. Örneğin, romantik sanat eserlerini aşk köşesine yerleştirmek en iyi sonucu verir; güçlü ve dinamik görünümlü sanat eserleri kariyer, refah, şöhret köşelerine aittir; yatıştırıcı etkisi olan sanat eserleri sağlık köşesinin enerjisini iyileştirir; ilham verici sanat eserleri bilgi ve kendini geliştirme ile yardımcı insanlar ve seyahat köşelerinde iyi gider; eğlenceli, parlak renkli sanat eserleri yaratıcılık ve çocuk köşesinin enerjisini artırır.

Bir Bagua köşesinin enerjisini düzenlemek amacıyla bir sanat eseri seçerken gerçekten sizinle "konuşan" parçalar seçmeye dikkat edin. Bu eser evin içindeki diğer insanlarla da paylaşılıyorsa onların da bu eseri sevmelerine dikkat edin. İdealde sanat, sağlıklı imajlar ve hoş renkler tasvir etmeli ve onu her gördüğünüzde size olumlu bir destek olmalıdır. Şiddet dolu, korkunç veya hüzünlü konular, Bagua'nın enerjisini iyileştirmek için tavsiye edilmez. Enerjisini düzenlemek istediğiniz Bagua bölgelerinde sürekli durmasını istediğiniz eserlere özel bir dikkat gösterin. Hedeflerinizi ve isteklerinizi doğru ve hoş bir şekilde yansıtmadıklarını düşünüyorsanız yerlerine bunu yansıtabilecek eserler koyun.

Bir keresinde bir çift, aşk bölgelerinde bulunan bir masanın üzerine üzgün görünüşlü ve tek başına oturan bir kadın resmi astıklarını farketmişlerdi. Esas sorunları da, kadının çok uzun zaman tek başına eşinin işten dönmesini beklemesiydi. Unutmayın : kalbinize şarkı söylettiren bir eser bulamıyorsanız hiç eser olmaması daha iyidir.

Açık havada, heykeller, ağırlıkları ve varlıklarıyla Ch'i'yi sağlamlaştırır ve sabitlerler. Boyutları ne kadar büyükse, bir binanın çevresindeki Ch'i'yi de sembolik olarak dengeleme güçleri de o kadar büyük olur. Boyutlarına ve bulundukları yere bağlı olarak, açık havada bulunan sanat eserleri ve heykeller onları gören insanlara potansiyel bir mesaj gönderirler. Bunun en iyi örneklerinden biri, New York Limanı'nda bulunan ve insanlara yeni bir hayata hoş geldiniz diyen Özgürlük Heykeli'dir.

Kendi eserinizi yarattığınızı kabul edin. İdealinizde bulunan partneri, kariyeri, aileyi, sağlık durumunu ya da refah düzeyini tasvir eden imajları toplayabilir ve bunlardan bir kolaj yapabilirsiniz. Bunu yaptığınızda, hayatınızı daha iyi hale getirmek için gerekli Ch'i'yi de toplarsınız. İdeallerinizi sembolize eden imajları çizin, boyayın, dokuyun, yapın ya da yontun. Sizin için şöhretin rengi ne? Bilginin şekli ne? Kariyerinizin imajı ne? Kendi eserinizi yarattığınızda, özel bir sonuç elde etmenizi sağlayan çok kişisel bir akora da basmış olursunuz. Ch'i'niz, hayatınızı daha iyi hale getirmek amacına hizmet eden sanat eserinizi oluşturur. Sıklıkla, şu yöntemle güçlü sonuçlar elde edilir.

Sizin için kişisel anlamı olan ruhsal semboller bulundukları mekandaki Ch'i'yi güçlü ve çekici kılar, artırır ve canlandırır. Ruhsal ve dinsel sembollerin içine melekler, azizler, büyük eğitmenler, tanrılar, tanrıçalar ve mistikler girer. İncil, Kuran ve Upanişadlar gibi kitaplar ve haç, hilal ve sri yantra gibi belirli şekiller da ruhsal semboller olarak kabul edilirler. Gene, önemli olan bu sembollerin sizin için kişisel anlamları olmasıdır. Gerçekten yardıma ihtiyacınız olduğunu hissettiğinizde bunları herhangi bir Bagua bölgesine/köşesine yerleştirin. Yardımcı insanlar bölgesi ile Bilgi ve kendini geliştirme bölgesi genellikle ruhsal gelişme ve yardımla doğrudan ilişkili kabul edilirler ve küçük bir melek, dinsel bir figür ya da üzerinde pek çok anlamı ifade eden bir nesne bulunan sunakla sembolize edilebilirler.

Her ânı kutsal kabul edin. Her âna açıklık ve anlam, farkındalığınızın ağırlığını verin.

- Thomas Mann

9. Bagua Kutsamaları

Hayatımız boyunca, vaftiz, kiliseye üye olma töreni, evlilik ve doğum günü gibi pek çok nedenle kutsama yaşarız. Konutlarımızı tıpkı bizler gibi yaşayan, dinamik ve canlı bir varlık gibi gördüğümüzde onları özel bir kutsama ile onurlandırmak da anlam ifade eder. Eve hoş geldin partisi yapmak, tütsü yakmak ve bir açılışta kapı eşiğinde kurdele kesmek de bu kutsamaların kapsamına girer.

Bagua haritası, evin içini ve dışını kutsamak için kullandığımız bir tapınaktır. Bagua kutsamaları, binanın içinde ve dışında burada yaşayan ya da çalışan insanların olumlu Ch'i'sini korumak ve mühürlemek için yapılır. Bir evin ya da iş yerinin Ch'i'sini dengelemek ve güçlendirmek istediğiniz zaman uygulayabilirsiniz. Bagua kutsaması, insanların içte kalmış umutlarını, düşlerini ve hedeflerini gerçekleştirmek için cesaretlendirmenin harika bir yoludur. Çiftleri örnek alırsak, kendi kişisel arzularını tasarlamak ve bu arzuların üzerinde yoğunlaşmak, onları ve partnerlerininkileri dinlemek için fırsatları vardır. Birbirlerinin ümitlerini ve dualarını duyarlar ve daha önceden adını bile duymadıkları bir şeyden etkilenebilirler. Bagua kutsaması bir ofiste de yapılabilir, çalışanların her biri iş ortaklarının her birinin istek ve arzularının ne kadar özel, tamamlayıcı ya da şaşırtıcı olduklarını keşfedebilir. Bagua kutsamaları, binanın kendisini kutsamaya ek olarak insanlar arası olumlu Ch'i'yi oluşturan ve güçlendiren derin ve kalbe hitap edici deneyimlerdir.

Mekan İçi Bagua Kutsamaları

Mekan içi Bagua kutsamaları yalnız olduğu kadar, bu mekanda yaşayan ya da çalışan diğer insanlarla birlikte ya da özel olarak kutsama için toplanan bir grup insanla beraber de yapılabilir. Bunun için dokuz tane muma ve onları koyabileceğiniz uygun tabak ya da şamdanlara ihtiyacınız vardır. Ne tür mumlardan hoşlandığınıza karar verin, örneğin çeşitli Bagua renklerinde olan adak mumları, ince mumlar veya beyaz pasta mumları kullanabilirsiniz. Kutsamaya başlamadan önce, her Bagua köşesine ve merkeze birer mum koyabilirsiniz. Ya da kutsama boyunca yanınızda taşıyıp, yeri geldikçe her köşeye bir tane mum koyabilirsiniz.

Bagua kutsamanıza, sağlık ve aile ile ilişkili Bagua köşesinde ayakta durarak ya da oturarak başlayın. Alıcı, meditatif bir zihin durumuna girin. Mumunuzu yakın ve sağlık ve aile ile ilgili ümitlerinizin, isteklerinizin, hedeflerinizin ve arzularınızın üzerinde bir an düşünün. Hazır olduğunuzda, yalnız olsanız bile onları yüksek sesle tekrarlayın. Acele etmeyin. Burada yaşayan veya çalışan kişiler de kutsamaya katılıyorsalar, onlar da sırayla sağlık ve aile ile ilgili kendi ümitlerini, düşlerini ve iyi dileklerini dile getirirler. Sonra orada yaşamayan veya çalışmayan birini çağırın ve o da kutsanan binada yaşayan ya da çalışan kişilerin sağlık veya aileleri ile ilgili kutsamalarını sözlü olarak bildirsin.

Sağlık ve aile bölgesindeki kutsamanızı bitirdikten sonra saat yönünde Refah ve Başarı bölgesine doğru hareket edin. Burada da, refah ve başarı ile ilgili ümitlerinizin, isteklerinizin ve arzularınızın üzerinde yoğunlaşarak, siz ve törene katılanlar biraz evvelki temel adımları izlemelisiniz.

Saat yönünü izleyerek diğer Bagua bölgelerine devam edin. Refah ve Başarıdan sonra Şan ve Şöhret, sonra Aşk ve Evlilik, Yaratıcılık ve Çocuklar, Yardımcı İnsanlar ve Seyahat, Kariyer ve sonra da Bilgi ve Kendini Geliştirme ile ilişkili köşelere gidin. Her bölgede, mumunuzu yakmak, hayatınızın bir özel alanını düşünmek ve yoğunlaşmak ve sonra da iyi dileklerinizi yüksek sesle söylemek için kendinize yeterince zaman tanıyın.

Sekiz Bagua bölgesini de dolaştıysanız, kutsamanızı bitireceğiniz binanın merkezine gidin. Son mumunuzu yakın, tüm söylenen sözleri sessizce aklınızdan geçirin ve çevrenizde toplanan Ch'i'yi hissedin. Kutsanan binayı, amacı sizi desteklemek ve tamamıyla beslemek olan ve Ch'i'si şimdi ve gelecekle mükemmel bir uyum içinde olan yaşayan bir canlı olarak kabul etmek önemlidir. Hazır olduğunuzda, kutsamanızı tüm söylenenleri sözlü olarak içeren son bir dua ile bitirin ya da sadece "Teşekkürler" veya "Amin" deyin.

Dış Mekan Kutsaması

Kutsamalar binanın dış çevresine de yapılabilir. Geleneksel olarak, yapının çevresindeki toprağı kutsamak için pirinç kullanılırdı fakat pirinç kuşlar için zararlı olduğundan onun yerine tohum kullanıyorum. Tohumlar, yeni bir hayatın oluşma potansiyelini ve vaadini temsil ederler. Çimen, ot ya da yabani çiçek tohumu gibi her tür tohumu kullanabilirsiniz. Tıpkı iç mekan kutsamasında olduğu gibi bunu da yalnız yapabildiğiniz gibi aynı binada yaşayan ya da çalışan kişilerle ve/veya size iyi dileklerini sunmak isteyen arkadaşlarınızla birlikte yapabilirsiniz.

Bir dış mekan kutsamasına hazırlanmak için, her katılımcıya içi tohum dolu bir kap verin. Ben, Çin malı eşyalar satan dükkanlarda bulunabilen ve yaşamın kutlanmasını simgeleyen kırmızı zarflar kullanıyorum. İster bunları kullanın isterseniz kendi kutsama kutlamasını simgelemek için kendi zarflarınızı, torbalarınızı ya da keselerinizi yapın. Binanın merkezi için de bir muma ihtiyacınız vardır, bu mumu kutsama başlamadan önce buraya yerleştirmelisiniz veya kutsama boyunca katılımcılardan biri bu mumu taşımalıdır.

Dış mekan kutsaması, iç mekan kutsaması ile aynı yolu izler. Binanın sağlık ve aile ile ilgili bölgesinden belirli bir mesafede (1 - 2 m kadar) durarak başlayın. Binaya yüzünüzü dönün ve duanızı, isteklerinizi, ümitlerinizi ve arzularınızı düşünmek için biraz zaman ayırın. Hazır olduğunuzda bunları sesli olarak tekrarlayın. Aynı binada yaşayan veya çalışan kişiler de kendi düşünce ve dualarını sırayla ve sesli olarak söylemelidirler. Sonra davet edilen bir başka katılımcı da, burada yaşayan ya da çalışan kişiler için sağlık ve aile ile ilgili bir kutsamayı söylemelidir.

Sağlık ve aile ile ilgili tüm kutsamalar paylaşıldıktan sonra, herkes zarfının içinden biraz tohum alıp binaya doğru fırlatır. Bu, herkesin kutsama ve iyi dileklerini yeni bir hayatın Ch'i'si ile sembolik olarak mühürlemesine yarayan bir harekettir.

İç mekan kutsamasında olduğu gibi, saat yönünü izleyerek binanın Refah ve Başarı ile ilgili bölgesine geçin. Tekrar, bu konudaki ümitlerinizi, hedeflerinizi ve iyi dileklerinizi düşünmek ve sonra sesli olarak dile getirmek için kendinize zaman verin. Siz ve tüm diğer katılımcılar bitirdiklerinde, yapıya doğru biraz daha tohum saçın, böylece o anın tüm erdemini, şimdi ve gelecekte mühürlersiniz. Sonra, saat yönünde Şan ve Şöhret, Aşk ve Evlilik, Yaratıcılık ve Çocuk, Yardımcı İnsanlar ve Seyahat ile Bilgi ve Kendini Geliştirme bölgelerine doğru devam edin.

İdeal olarak, dış mekan kutsamanıza, sizin ve kutsadığınız ev ya da iş yeri arasında özel bir ilişkiyi kelimenin tam anlamında ve sembolik olarak kurmak için kutsal bir zaman gibi yaklaşmalısınız. Dinamik ve canlı yapının size ne kadar iyi hizmet ettiğini ve iyi talih, mutluluk ve başarıyı onayladığını düşünmenin tam zamanıdır. Kendinizi ve diğer insanların uyumlu Ch'i'yi üretirken yüksek sesle yaptıkları kutsamaları dinleyip tadını çıkarın - böylece Ch'i, yeni hayatın sembolü olan tohumlar vasıtasıyla sonsuza dek onaylanmış olur.

Sekiz dış bölgenin hepsini de kutsadıktan sonra tekrar binanın merkezine hareket edin. Burada mumunuzu yakarak ve tüm söylenenleri sessizce aklınızdan geçirdiğimizde kutsamanız tamamlanmış olur. İç mekan kutsamasında olduğu gibi, paylaşılan kutsamaları içeren son bir dua ile veya sade bir "Teşekkür Ederim" ya da "Amin" ile kutsamanızı sona erdirin.

Bagua kutsamaları, genellikle yeni bir eve taşınması, bir bebeğin doğması, evlenme ya da yeni bir işe başlama gibi herhangi bir başlangıç için yapılır. Düşünmek için ayrılan zaman ve kutsama bizi hayat boyu destekleyen yapılarla bağlar. Ayrıca, Bagua kutsaması meydan okuma ya da zor zamanlarda güç toplamak için harika bir yoldur. Bagua'nın temsil ettiği hayatın hazinelerinin hepsi birbiriyle bağlantılıdır ve birini güçlendirirken hepsini güçlendiririz.

10. Gizliliğin ve Sınırların Onurlandırılması

Tıpkı vitaminler ve besinler gibi, gizlilik ve sınırlar da insanın temel ihtiyaçlarındandır. Bir başkasının masasını toplamasından ya da bir başkasının kendisine belli bir süre boyunca gözünü dikip bakmasından hoşlanacak hiç kimse tanımıyorum. Kültürümüz bize bir başka kültürden birinin şiddet olarak kabul edebileceği bazı iletişim yolları öğretmiştir. Pek çok Batılı için, çoğu Ortadoğulu insanın yaptığı gibi bir başkasının beş santim uzağında durup onunla konuşmak çok rahatsız edicidir. Biz daha fazla mesafe bırakırız.

Aynı şekilde, göz kontağı kurma alışkanlığımız Asya kültüründen gelen bazı insanlar için çok sinirlendiricidir. Bizim kültürümüzde, gizlilik ve sınırlar için duyduğumuz ihtiyaç büyük oranda değişiklik gösterir. Kimisi kucaklanıp öpülmekten hoşlanırken bir başkası rasgele gösterilen sevgi ifadesini kendi kişisel sınırlarına bir tecavüz olarak algılar.

Ayrıca, beraber yaşayan insanların - karı koca, ev arkadaşları, aileler - tasarım hakkında farklı zevklere sahip olduklarını kabul etmemiz gerekir. Buna bir de insanlar büyüdükçe ve değiştikçe çevrelerini bir başkasının hoşuna gitmeyecek tarzda değiştirebilecekleri gerçeğini de ekleyin. Bu konu sınırlara tecavüz etmeye neden olabilir ve "bölge savaşlarına" yol açabilir.

Aramızdan çoğumuz, insanların gizliliklerini ve kişisel sınırlarını onurlandırmanın önemini gösteren aşağıdaki hikayelerin benzerini yaşamışızdır.

İzin Almak

Nancy, kocası Sid ile birlikte bir 20. yüzyıl şatosunda yaşıyordu. 3500 m^2'lik ve saray büyüklüğündeki bu mermer evi yaratmak için hiç bir masraftan kaçınılmamıştı. Nancy bir partide Feng Shui'yi duymuştu ve yakınlarındaki bir Feng Shui uygulayıcısına başvurmuştu. Bu kişi benim ilk öğrencilerimden biriydi. Randevumuza gittiğimde, kocası Sid'in şatosuna Feng Shui uygulanılmasıyla ilgilenip ilgilenmediğini sormak hiç aklıma gelmemişti.

Sıcak bir yaz sabahı evlerine gittim ve caddeden aşağı fışkıran suni bir şelalenin yaninda yükselen güvenlik kapısının önünde klakson çaldım. Neden evden dışarı akan bir şelale yapılmak istendiğini merak ettim. Evden aşağı ve dışarı akan Ch'i, en azından oradan geçen herkesin büyük bir şov izlemesini sağlar. Fakat, evin içinde dolaşan yararlı Ch'i'nin büyük bir kısmı da dışarı taşınır.

Nancy beni ön kapıda karşıladı, 6 metre yüksekliğindeki kapıları açarak beni içeri aldı. Önümde, evin geri kalanına giden geniş bir hole açılan büyük bir fuaye vardı. Muhteşem mermer yerler ve duvarlar çevremi sarmıştı. Daha özenli giyinmiş olmayı diledim.

Her biri görülmeye değer bir odadan diğerine doğru geçerek evi dolaştım. Nancy'nin esas şikayeti onun ve kocasının odalardan çoğunu kullanmamaları idi. Mutfakta, küçük çalışma odasında ve büyük yatak odasında yaşıyorlardı.

"Örneğin şu odaya bak" dedi. "Misafirlerimiz olduğunda bile bu odada oturmuyoruz."

Geniş bir oturma odasının kapısında duruyorduk. İçerideki her şey, beyaz kaideler üzerinde duran metal heykeller gibi beyazın gölgesi altındaydı. İki uzun beyaz kanepe oturma grubunu oluşturuyordu. Dikey sıkı sıralar halinde düzenlenmiş yirmi dört adet büyük beyaz yastık her kanepeyi doldurmuştu.

"Burada zaten kırk sekiz kişi oturuyor, Nancy" diye yorum yaptım. "Bir başkasının oturması için hiç yer yok."

"Hiç bu yönden düşünmemiştim!" diye bağırdı.

"Ve bu oda tamamıyla metal elementinden oluşuyor. Ateş elementi başta olmak üzere diğer elementlerle ilişkili renkleri ve şekilleri getirmenin zamanı gelmiş."

Yastıklardan 40 tanesini kaldırıp, kanepeleri bozmamak için 8 yastığı yerinde bıraktık. Nancy birkaç Burgonya mumu çıkarıp kristal şamdanlar içinde kahve masasının üzerine koydu. Oda canlanmaya başlamıştı. Nancy havasını bulmuştu ve masaların üzerine ve duvardaki raflara koymak için sevdiği renkli hediyeleri ve anı eşyalarını getirdi. Seçtiği eşyalar tüm elemanları temsil eden şeylerdi ve odaya yeni bir sıcaklık ve denge duygusu vermekteydi.

"İşte şimdi burada olmak istiyorum!" diye bağırdı.

Altı saat sonra, pek çok değişiklik yapmış ve evin tümünde yapılabilecek değişiklikleri de not etmiştik. O günlük seansımızı bitirdik ve bir sonraki randevumuzda Bagua üzerine çalışmaya devam etmeyi planladık.

O akşam Sid kalesine döndüğünde hemen orada bazı değişiklikler yapıldığını anladı. Nereye baksa değişik görünüyordu.

Gözleriyle mutfağa dikkatle süzerken "Burada neler oldu böyle diye?" sordu.

"Oh, bugün buraya bir Feng Shui uygulayıcısı geldi ve evin üzerinde çalıştı" diye cevap verdi Nancy.

"Ne? Sen delirdin mi? Sen her şeyi tekrar düzenleyesin diye bir tasarımcıya servet ödemedim ben, hemen şimdi, lanet olası her şeyi ait olduğu yere koyacaksın, çok ciddiyim!" Sid mutfaktan kapıyı çarparak çıktı ve Nancy onun odadan odaya geçip yaptıklarımızı gördükçe sövüp saymasını duyabiliyordu.

Şimdi ise alt üst olmuştu. Neden ona bunun olabileceğini söylememiştim? Dahası, ziyaretim onun evliliğini iyileştirmek konusunda hiç bir işe yaramamıştı!

Sid kapıları çarpıp şiddetli hoşnutsuzluğunu sesli olarak ifade ederken Nancy beni aradı ve ikinci randevumuzu iptal etti. Bu onun ihtiyacı olan son şeydi! Bagua'yı boş ver. Kocasını sakinleştirmek onun günlerini alacaktı. Hayatında böyle bir problem yaratmaya nasıl cesaret edebilmiştim?

Dersimi aldığımı söylememe gerek yoktur herhalde. İzni olmadan birinin mekanında Feng Shui uygulamaya kalkmak tıpkı birinin bedenini onun onayı olmadan incelemeye benzer. Birinin çevresini değiştirmek çok kişiseldir ve izin alınmadan yapılırsa tıpkı şiddet uygulanıyor gibi hissedilebilir. Artık üzerinde çalıştığım bir yerde yaşayan ve 12 yaşın üzerinde olan herkesin onayı alındığından emin oluyorum. Bir Feng Shui uygulayıcısı olarak, üzerinde çalıştığım mekanlarda yapılan değişikliklerin başarılı olmasının orada yaşayan ya da çalışan insanlara bağlı olduğu - kendi istedikleri zamanda ve kendi tarzlarında - gerçeğini onurlandırarak davet edildiğim yerler hakkında öneriler ve yorumlar yaparım.

Büyük Beyaz Avcı

Steve, Kenya'dan dönüp de orada avladığı zebranın postunu gururla gösterdiğinde eşi Sandy nerdeyse kusuyordu. Kocasının ganimeti şimdiye dek gördüğü en iğrenç şeydi! Gene de Steve bunu kesinlikle seviyordu ve herkesin görmesi için oturma odasındaki kanepenin arkasındaki duvara asmayı düşünüyordu. Karısının onun coşkusunu paylaşmaması büyük bir sürpriz olmuştu. Postun evin içinde nereye asılacağı konusunda ateşli bir tartışmaya girdiler. Sandy tamamıyla evin dışına konmasını ve Steve de ona Afrika'daki seyahatini hatırlatması için göze çarpan bir yerde sergilenmesini istiyordu. Bunu o kadar istiyordu ki, daha da ileri gitti ve Sandy işteyken onun eninde sonunda bunu seveceğini düşünerek ödülünü kanepenin üzerine astı. Hiç şansı yoktu.

Sandy gözyaşları içinde beni aradı ve durumu anlattı. Oturma odalarına asılan ölü hayvanın Ch'i'sinin felaket olduğundan emindi! Bir araya gelmemizi ve hem onunla hem de Steve'le konuşmayı önerdim. Eve doğru ilerlerken, oturma odasının penceresinden kanepenin üzerinde asılı duran zebra postunu gördüm.

Yakınlarda oturan herkesin artık Steve'in Afrika'ya gittiğini bildiğini tahmin edebiliyordum.

Sınırlara saygı göstermek çok hassas bir konudur. Bu durumda, taraflardan biri çok heyecan duyduğu bir deneyim yaşamıştır. Tüm dünyaya göstermek istediği bu maceraya ait bir sembole sahiptir ve eşi buna iştirak etmemektedir. Aslında, eşi bu sembol tarafından fazlasıyla rahatsız edilmiştir ve bununla ilgili hiç bir şey yapmak istememektedir. Şimdi elimizde iki tane kırılmış, yanlış anlaşılmış ve kızgın insan vardır. Ne yapmamız gerekir?

Eğer mümkünse, böler ve fethederiz. Diğer bir deyişle, her kişiye kendi hükümranlık sahasını veririz. İster büyük ister küçük bir alanın çevresine bir çizgi çekin ve bu sınırın içinde kalan her şey kesinlikle bir kişi tarafından yönetilmesine olanak tanıyın. Diğerinin sınırını ihlal etmeden hoşlarına giden neyse onu yapabilirler!

Sandy ve Steve'in durumunda, her ikisi de oda üzerinde hak iddia ediyorlardı. Steve'in evde ofisi olarak adlandırdığı bir odası vardı. Fakat Sandy canı ne zaman istese kocasının odasında bulunmasını istediği şeyleri değiştirerek ya da kaldırarak varlığını belli etmişti. Aslında, Steve'in odasını onun özel yeri olarak onurlandırmanın ne kadar önemli olduğunu anlamamıştı. Steve, özellikle Sandy ofisindeki lambayı bu iyi lambaya oturma odasında ihtiyacı olduğunu söyleyerek süslü yatak odası lambası ile değiştirdiğinde çok öfkelenmişti.

Aslında, Sandy evdeki hiç bir oda üzerinde hak iddia etmemişti. Steve'in odası da dahil olmak üzere tüm evin kendisine ait olduğunu düşünüyordu. Gene de evle olan ilişkisini gözden geçirdiğinde, gidebileceği ve meditasyon yapabileceği, mektup yazabileceği ya da yaratıcı projeler yapabileceği hiç bir özel yeri olmadığını görmüştü. Kendince evi "sahiplenmiş" fakat hiç bir parçası özel olarak ora ait olmamıştı. Misafir odasını sahiplenmeye karar vermiş ve orayı Steve'in evin hiç bir yerinde görmekten hoşlanmadığı tüm o kadın eşyaları ile süslemişti. Sandy'nin mutsuzluğu, kendi özel yerini kişiselleştirme konusuyla meşgul olmasıyla hızla dağılmıştı.

Steve'in evin şan ve şöhret bölgesinde bulunan ofisine bir göz attık. Masası duvara dayalıydı ve iskemlesi kapıdan başka bir yere bakıyordu. İskemle kapıya bakacak şekilde masasını çevirmeyi hiç düşünmemişti, ama bu düşünce şimdi hoşuna gitmişti. Sevgili zebrası arkasındaki duvara asılabilirdi. Kenya'da çekilmiş fotoğraflar diğer duvarları süsleyebilirdi. Zaten şan ve şöhret bölgesi ile ilişkili şeylerden biri de ateşti ve hayvanlarla sembolize edilebilirdi. Steve'in vahşi krallığı iyice yerleşmişti. Ve Sandy'nin bu odaya bir şey eklemesi veya bu odadan bir şey almasına izin yoktu. Steve onun çiçekleri ve süsleri ile alay etmediği sürece bunu yapmamaya söz verdi.

Viktoria dönemi leydisini ve onun büyük beyaz avcısını barış içinde bıraktım, her biri de beraberliklerinin içinde bazı belirgin sınırlar koyarak rahatlamışlardı.

Gizliliğe ve Sınırlara Saygı Gösterilmesinin Ödülü

İster evli olun, ister ebeveyn olsun ister bir ortağınız olsun evinizi veya iş yerinizi birisiyle paylaşın, bu alan içinde kendi özel bölgenizi belirlemelisiniz. Bu temel ihtiyaca saygı gösterilip onurlandırılmadığında, küçük tartışmalardan yumruk yumruğa kavgalara dek bölge savaşları meydana gelebilir. Kendinize ait olarak adlandırabileceğiniz bir yer ayırarak kendinizi onurlandırın. Ve beraber yaşadığınız kişileri de bunu yapmaya davet ederek onurlandırın. Bu basit düzenleme ile herhangi bir evin ya da iş yerinin içindeki Ch'i çok daha sağlıklı, dostça bir şeilde akmaya başlar.

İki yaşına gelmiş çocuklar bile kendi yerleri için duydukları ihtiyacı ifade ederler. Eğer kardeşler aynı odayı arasında paylaşılıyorsa, bazı oyuncaklar, spor malzemeleri ve oyuncak hayvanlar gibi onlara neşe veren şeyler kullanarak her birinin kendısıne ait bir köşe düzenlemeleri için yardım edin. Paylaşılan bir odada, her çocuğun diğerinin sınırları dışında olarak kabul edilen kendi özel noktası vardır. Bu kavramın işe yaramasının tek yolu ailenin geri kalan üyeleri tarafından ciddiye alınmasıdır. Küçük çocuklar da kendi sınırlarına saygı gösterildiğinde anne ve babanın yalnız kalacak zamana ihtiyaç duyduklarını erken yaşlarda anlarlar.

Gençler genellikle kendi bölgeleri konusunda ısrar ederler. Bilgi ve kendini geliştirme bölümündeki Angie'nin hikayesinde olduğu gibi gençler, ergenlik çağına girmeleriyle beraber ailenin diğer üyelerine karşı büyük meydan okumalarda bulunurlar. Özel mekanları genellikle karışık ve münakaşalıdır. Tipik olarak gençlerin kaosu aktif bir kaostur - onlar değiştikçe kaosta da değişiklik olur, bu sık sık tekrarlanır. Çoğu durumda, bir kaç sene için odanın kapısını kapayıp kaosun kendi yolunda gitmesine izin vermek en iyisidir. Gene de Angie'nin durumunda olduğu gibi bazen müdahale etmek de gerekir ve çoğu durumda ısrarlı bir istek yerine gözlemci bir öneri olarak sunulabilir. Bir başkasının özel yerini onurlandırmak, uyum ve dengenin kazanıldığı bir yer sağlar.

Bin millik bir yol,

İlk adımla başlar.

-Lao Tzu

11. Seyahat Ederken Feng Shui

Bu kitabı yazarken, kocam Brian'ın doğum gününü kutlamak için dağda bir ev kiralamaya karar verdik. San Diego'daki koşuşturma dolu hayatımızdan kurtulup ormanın sessizliğine kaçmanın yollarını arıyorduk. Bir arkadaşımızın tavsiyesi üzerine rezervasyonumuzu yaptık ve kısa süre içinde yola koyulduk.

Oraya vardığımızda, barakamızın içten çok güzel olduğunu fakat çok kullanılan çift şeritli bir yoldan sadece üç metre uzakta olduğunu fark ettik. Söylemeye gerek yok, umduğumuz barış ve huzur ortamı geçen arabaların hiç bitmeyen uğultuları nedeniyle gölgelenmişti. Barakamızın yolun ortasında olup olmadığını sormak hiç aklıma gelmemişti. Diğer barakaların hepsi ağaçların arasında kaybolmuştu ve hepsi doluydu. Barakanın talihsiz konumunu tahammül edilebilir hale getirmek için elimizden geleni yapmaya karar verdik. Yatağı ön duvarın yanından alıp arkaya çektik, odanın içine taze çiçekler ve mumlar koyduk ve yumuşak bir müzik çaldık, tüm bunlar, yolun köpürerek akan bir nehre benzeyen Ch'i'sinin baskısını yumuşatmaya yaradı. Gene de pencereleri kapatmayı gerekli gördük, böylece trafik gürültüsünü olduğu kadar çam ağacı kokan havayı da dışarıda bırakmış oluyorduk.

Bu deneyim bende, Seyahat Ederken Feng Shui adlı bu bölümü eklememin gerekli olduğu düşüncesini uyandırdı. Daha önceden bulunmadığınız bir yerde rezervasyon yapmadan önce aşağıdaki bilgiyi rehber olarak kullanabilirsiniz.

Öncelikle, ne tür bir çevre tercih ettiğinize karar verin. Özel, sessiz ve her yerden uzak bir yer mi, yoksa kolay ulaşılabilen ve pek çok etkinliğe yakın bir yer mi (ya da her ikisinin bir bileşimi mi) istiyorsunuz? Ayrıntıları araştırın! Araba yollarının, otobanların nerede olduklarını yakınlarda bulunan yerleri, alışveriş merkezlerinin, dini merkezlerin ve iş merkezlerinin olup olmadığını öğrenin. Otellerde, restoranlardan, barlardan, lobilerden, buz ve kola makinelerinden, asansör motorlarından, v.b., uzak bir yer bulmak önemlidir.

İkinci olarak, içerinin ayrıntılı bir tasvirini isteyin. Hangi renkler hakim? Tüm hafta sonunuzu her tarafın avokado yeşili ve pas rengi olan bir odada geçirmek istemezsiniz. Yatağın boyu ne kadar ve hangi elektronik aletler (kablolu TV, VCR ve radyo gibi) var gibi bilindik sorular haricinde yatak odası ile banyoyu ayıran kapılar olup olmadığını ve pencerelerin açılıp açılmadığını sorun. Bu yerin size gönderebilecekleri bir resmi var mı? Nerede uyanacağınızdan, ne giyeceğinize, ne yiyeceğinize kadar her şeyi öğrenin.

İster bir kır evinde bir haftalık sakin bir tatil, ister lüks bir dairede bir ay ya da ekonomik bir kulübede bir gece geçirmeyi planlayın, telefonda harcayacağınız bir kaç dakika her tür probleminizi öbür tarafa aktarmanızı sağlar. Ayrıca, tüm sorularımı cevaplamakla ilgilenen, dost, yardımsever kişiler genel olarak iyi Feng Shui'ye sahip güzel, insanı hoş karşılayan bir yeri de garantilemektedirler.

Feng Shui Seyahat Çantası

Bazen iyi bir oda tutma şansımız olmaz. Tüm ayarlamaları bir başkasının yaptığı bir iş gezisi ya da yabancı dil sorunu olabilir. Sebep ne olursa olsun bir Feng Shui paketi ile dolaşmak akıllıcadır. Herhangi bir mekandaki Ch'i'yi destekleyecek, dengeleyecek ve dolaştıracak küçük, hafif nesneler seçerek hazırladığınız paketi yanınızda taşıyabilirsiniz. Örneğin benim Feng Shui paketimin içinde, tellerle bağlanmış dört yuvarlak yüzlü kristal, kalın kağıttan yapılmış dört küçük melek, metal kaplar içinde bulunan dört küçük mum ve çam ya da sandal ağacı kokusu veren tütsüler vardır. Bu küçük Ch'i düzenleyiciler ümitsiz durumdaki bir odayı canlı ve hoş bir hale getirebilir. Bunun dışında, bu paketin içinde, çengelli iğne, kağıt ataşları, teller ve kibrit gibi sabitleyici malzemeler de bulunmalıdır. Ayrıca yanıma, beş elementin renklerini temsil eden çok renkli bir eşarp da alırım ve gitmeye hazır olurum.

Her oda farklı bir düzenleme gerektirir. Odanın kapısını giriş noktası olarak kullanarak ve düzenlemenizi Bagua haritasını temel alarak yapabilirsiniz. Genellikle pencereye bir kristal asarım ve sağlık, refah ve aşk köşelerine mumlarımı ve meleklerimi yerleştiririm. Eğer oda "ölü" veya durgun ise, yatak odasının veya banyonun ortasına tavana bir kristal asarım. Sıklıkla, bir masanın üzerinde gözlerimi dinlendirebileceğim ve Ch'i toplayabileceğim güzel bir yer düzenlerim. Bu noktaya beş element kumaşımı, tütsüleri, mumları, melekleri, bir bardak ya da kase su ve eğer mümkünse taze çiçekler ya da bitkiler koyarım. Bunda amaç, sorunlu bir yeri bir geceliğine bile olsa çabucak sizi besleyebilecek ve koruyabilecek bir yere çevirmektir. Hafif nesneler seçin ve kısa bir süre içinde hareket etmek için hazır olun.

Hareket Halindeki Mobilyalar

Ben, gitti her yeri evi yapmakla ünlenmiş bir eşya düzenleyicisiyim. Bu oldukça dürüst bir oyundur. Bence, kim bilir ne kadar zamandır belli bir yerde duran bir mobilya parçasını başka bir yere taşımak gerçekten de Ch'i'yi uyandırıp canlandırmaktadır .Eğer orada yaşayacaksanız bir odayı nasıl düzenleyeceğinizi düşünün ve buna uygun olarak değiştirin.

Ayrıca, göze çarpan bir yerde duran bir televizyonu bir örtü, eşarp ya da havlu ile örtüp "uyumaya bırakmayı" severim. Çok az insan bir televizyonun büyük siyah gözü bile olsa üzerinde dikilmiş gözler hissetmekten rahatsız olmaz.

Kendinizi evinizdeki kadar rahat hissedebilmek için elinizden ne geliyorsa yapın. Kendi yaşamsal Ch'i'nizin bütününü koruyarak daha iyi çalışacak, dinlenecek ve oynayabileceksiniz.

Sadece kendine güven, o zaman
nasıl yaşanması gerektiğini bileceksin.

- *Goethe*

12. Özet: Kendi Cennetinizi Meydana Çıkarmak

Feng Shui, size çevreniz hakkında tamamıyla yeni bir görme, dinleme ve bilme dünyasının kapısını açar. Bir alanın içinde Ch'i'nin nasıl hareket ettiğini görebildiğinizde, ne dediğini dinleyin; böylece Feng Shui gözleriniz açıkken kalitesini nasıl dengeleyeceğinizi ve artıracağınızı bilirsiniz. Kendi kişisel cennetinizi yaratmada özgürsünüz - burası, aydınlatma, sanat eseri, mobilya, renkler, modeller, doğal nesneler ve mimari özellikler şeklinde yaptığınız seçimlerinizin mekansal onaylamalarıyla çevrili olduğunuz yerdir. Burası, size ilham verme, sizi gençleştirme, rahat kılma ve koruma yoluyla evinizi destekleyen yaşamsal Ch'i'nin her odanın içinde uyumlu bir şekilde dolaştığı yerdir. Burası, sizi kollarını açarak selamlayan ve günün stresini uzaklaştıran besleyici, yumuşak özelliklere sahip yerdir. Burası sizinle, melodik ve neşeli bir dilde "konuşan" yerdir. Burası sizin barış yerinizdir.

Feng Shui ile, iş yerinizi başarı kazanmak için bir başlangıç noktası olarak düzenleyebilirsiniz. Kendi kişisel güç yerinizi yaratmada özgürsünüz, burası mobilyalarınızın enerji ve motivasyonla dolu bir şekilde sizi güç mevkiine oturtarak size en iyiyi getirmesi için seçildiği ve düzenlendiği bir yerdir. Burası, masanızın kazanma amacıyla düzenlendiği bir oyun tahtası olan yerdir. Burası, dikkatinizi düzenli olarak önünüzdeki hedeflere yöneltmenizi, yaratıcılığınızı teşvik etmeyi sağlayan ve hedeflerinizi ve planlarınızı destekleyen imajları ve eşyaları koyduğunuz yerdir. Tanıtımlar, davetler, randevular ve her türden terfiler gibi hayırlı fırsatlar günlük deneyimlerinizin bir parçasıdır. Burası, Ch'i'nin canlı bir şekilde dolaşmasıyla canlılığınızın ve karizmanızın sürekli olarak iyileştirildiği ve desteklendiği yerdir. Burası sizin güç yerinizdir.

İki ev, ofis, insan, gün ya da an birbirinin aynı olmadığı için, meydan okumanız da sadece kendiniz için ideal bir mekan yaratmak değil aynı zamanda onları bu yolda tutmaktır. Unutmayın hayatınız ne kadar dinamik olursa, eviniz ve iş yeriniz de o kadar dinamik olur. Onlar sizin doğrudan yansımalarınızdır. Bugün yaptığınız Feng Shui düzenlemeleri ve iyileştirmeleri zaman geçtikçe tazelenmeye, tekrar düzenlenmeye ve tamamıyla değiştirilmeye ihtiyaç duyacaklardır. Gözleriniz, çevrenizdeki dinamik dans hakkında açık ve uyanık olmalıdırlar.

Refah ve başarı köşesine bir çeşme ya da fıskiye gibi suyun kullanıldığı mimari bir öğe ile çevresine bir çiçek bahçesi yerleştirmek, para akışını ve işi sizin için iyi olacak şekilde iyileştirebilir. Zaman içinde, "talih çeşmenizi" düzenli olarak Feng Shui gözlerinizle kontrol etmeniz önemlidir, şu anda kim olduğunuzu yansıtacak şekilde korumanız, ekler yapmanız, değişiklikler yapmanız gerekir. İster farklı renkte çiçekler dikin, ister ışık, oturma yerleri ya da heykel ekleyin ister tüm düzenlemeyi değiştirin istediğiniz kadar yaratıcı olun ve ortaya çıkardığınız her kompozisyonun tadını çıkarın. Çevrenizdeki Ch'i'yi iyileştirmek ve tazelemek için bir araya getirebileceğiniz canlı ve ilham verici kombinasyonların sonu yoktur.

Hiç bir çözüm sonsuza dek sürmez. En son yaptığınız şey, sizle mekanınız arasında olan ve sürekli olarak hayatınıza büyük bir neşe, fırsat ve başarı getiren bir danstır.

Tadını Çıkarın!

Kil topağından kap yaparız;
Kabın içindeki boşluktur onu yararlı kılan.
Odaya kapılar, pencereler oyarız;
İçindeki boşluktur odayı yaşanır kılan.
Bunun için, anlaşılan şeylerin
iyi yanları olsa da,
Anlaşılamayandır onu değerli kılan.

-Lao Tzu

Önerilen Kaynakça

All Sickness Is Home Sickness, Dianne M. Connelly. Columbia, MD : Traditional Acupuncture Institute, 1993

Care of the Soul, Thomas Moore, New York, NY : Harper Collins Publishers, 1992

Earth Design, Jami Lin. Miami Shores, FL: Earth Design, Inc., 1995

Feng Shui, Art and Harmony of Place, Johndennis Govert. Phoenix, AZ : Daikakuji Publications, 1993

The I Ching or Book of Changes, Richard Wilhelm. Çev. Cary F. Baynes. New York, NY : Princeton University Press, 1971

The Illustrated I Ching, R.L. Wing. New York, NY : Doubleday, 1982

Interior Design with Feng Shui, Sarah Rossbach. New York. NY : Arkana Books, 1987

Life! Reflections on Your Journey, Loise Hay. Carlsbad, CA : Hay House, Inc., 1995

Living Color, Sarah Rossbach ve Lin Yun. New York, NY : Kodansha International, 1994

The Power of Place and Human Environments, James A. Swan tarafından hazırlanan bir antolojisi. Wheaton, Il : Quest Books, 1991

The Seven Spiritual Laws of Success, Deepak Chopra. San Rafael. Ca : New York Library, 1994

Tao Teh Ching, Lao Tzu, İng Çev. John C.H. Wu. Boston. MA: Shambala Publications,1961

You Can Have It All, Arnold Patent. Hillsboro, OR : Beyond Words Publushing, 1995

You Can Heal Your Life, Louise Hay. Carsblad, CA : Hay House, 1984

You Can't Afford the Luxury of a Negative Thought, John Roger and Peter McWilliams. Los Angeles, CA : Prelude Press, 1988

Yazar Hakkında

Terah Kahryn Collins, San Diego'da yaşayan bir Feng Shui uygulayıcısı ve öğretmenidir. San Diego'da akupunkturcu ve Feng Shui uzmanı olan Dr. Tan; Los Angeles'ta jeomansi ustası ve Feng Shui uzmanı Louis Audet ve California, Berkeley'deki Yun Lin Tapınağı'nın kurucusu ve Feng Shui'de bir otorite olan Usta Lin Yun ile çalışmıştır. Terah düzenli olarak ilgilenen gruplara Feng Shui konferansları vermekte ve San Diego ve Washington, D.C.'de bu konuda dersler vermektedir.

İletişim ve bütüncül sağlık (nörolinguistik programcı ve kutupsal terapi uygulayıcısı olarak) konularındaki alt yapısı nedeniyle, Doğu'nun gizemli uygulamaları ile pragmatik Batı düşüncesi arasında bir köprü kurmuştur. Terah hem özel mülkleri hem de ticari iş yerlerini kontrol etmekte, insanların evlerin ve iş yerlerine Feng Shui prensiplerinin sonsuz yararlarını getirmektedir.

Feng Shui kontrolleri, öğretim programları ve bir Feng Shui uygulayıcısı olarak bulunabilecek iş olanakları hakkında bilgi edinmek için lütfen aşağıdaki adresle irtibat kurun :

Terah Kathryn Collins

437 South Hjy. 101, Ste. 752. Solana Beach, CA 92075, USA

(619) 793 - 0945

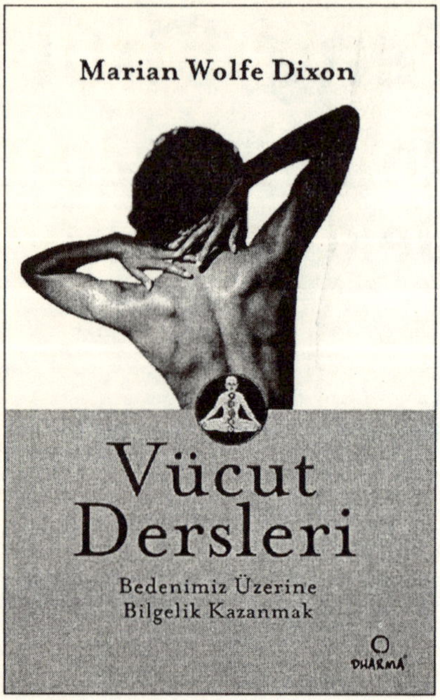

Vücut Dersleri

Bedenimiz Üzerinde Bilgelik Kazanmak

Marian Wolfe Dixon

Doğduğumuz günden öleceğimiz güne kadar vücudumuz şu veya bu şekilde hareket halindedir. Vücudumuzun yaşamı, içsel durumumuzla paraleldir. Ruh ve beden, birbirleri için ayna görevi görürler. Her birinin kendine has bir stili ve bakış açısı vardır ve insanoğlunun yaşamı boyunca deneyimlediği her şey ruh ve bedene yansır. Bunlardan bir tanesinin başarısı veya korkuları diğerini güçlendirir veya hasta eder. Bedenimiz üzerinde kazandığımız bilgelik dünyaya bakış açımıza yansıdığında çok farklı bir bilgi kaynağına erişmiş oluruz ve bu, bizim daha çabuk ve akıllıca kararlar almamızı sağlar.

Marian Wolfe Dixon vücut duruşu, odaklanma, ağırlık, dokunma gibi fiziksel konuları, kendi kendimizi keşfetmemize yardımcı olmak için birer araç olarak kullanmaktadır. Her bölüm bu konulardan birine ayrılmıştır. Bölümlerin sonunda verilen egzersizler kendi kendinizi tanımanıza yardımcı olacaktır.